Edile Maria Fracaro Rodrigues
Emerli Schlögl
Sérgio Rogério Azevedo Junqueira

# ALTERIDADE, CULTURAS & TRADIÇÕES:

## atividades do Ensino Religioso para o Ensino Fundamental

1ª edição
2009

CB031667

CORTEZ EDITORA

© Direitos de publicação

**CORTEZ EDITORA**

**Rua Monte Alegre, 1074 – Perdizes**
**05014-000 – São Paulo – SP**
**Tel.: (11) 3864-0111 Fax: (11) 3864-4290**
**cortez@cortezeditora.com.br**
**www.cortezeditora.com.br**

Direção
*José Xavier Cortez*

Editor
*Amir Piedade*

Preparação
*Alexandre Soares Santana*

Revisão
*Alexandre Ricardo da Cunha*
*Auricélia Lima Souza*
*Roksyvan Paiva*

Edição de arte
*Mauricio Rindeika Seolin*

Ilustrações
*Rodrigo Abrahin*

Foto da capa
*Agestado*

**Dados Internacionais de Catalogação na Publicação (CIP)**
**(Câmara Brasileira do Livro, SP, Brasil)**

Rodrigues, Edile Maria Fracaro
  Alteridade, culturas & tradições: atividades do Ensino
Religioso para o Ensino Fundamental / Edile Maria Fracaro
Rodrigues, Emerli Schlögl, Sérgio Rogério Azevedo Junqueira. –
1. ed. – São Paulo: Cortez, 2009. – (Oficinas aprender fazendo)

  Bibliografia.
  ISBN 978-85-249-1457-7

  1. Atividades e exercícios (Ensino Fundamental) I. Schlögl,
Emerli. II. Junqueira, Sérgio Rogério Azevedo. III. Título.

08-10530                                            CDD-377.1

Índices para catálogo sistemático:

1. Ensino religioso nas escolas        377.1
2. Religião: Ensino Fundamental        377.1

Impresso no Brasil — março de 2009

# Sumário

# Introdução

A Lei de Diretrizes e Bases da Educação Nacional, em seu artigo 33, afirma que o Ensino Religioso é parte integrante da formação básica do cidadão e deverá ser assegurado o respeito à diversidade cultural religiosa do Brasil, vedadas quaisquer formas de proselitismo (9.475/97). Nessa perspectiva, o objetivo da disciplina, previsto pelos Parâmetros Curriculares Nacionais do Ensino Religioso, é valorizar o pluralismo e a diversidade cultural presentes na sociedade brasileira e facilitar a compreensão das formas que exprimem o transcendente, na superação da finitude humana, e determinam, de modo subjacente, o processo histórico da humanidade. Por isso, o Ensino Religioso necessita:

- proporcionar o conhecimento dos elementos básicos que compõem o fenômeno religioso com base nas experiências religiosas percebidas no contexto do educando;
- subsidiar o educando na formulação do questionamento existencial em profundidade, a fim de que ele dê sua resposta devidamente informado;
- analisar o papel das tradições religiosas na estruturação e manutenção das diferentes culturas e manifestações socioculturais;
- facilitar a compreensão do significado das afirmações e verdades de fé das tradições religiosas;
- refletir sobre o sentido da atitude moral, como consequência do fenômeno religioso e expressão da consciência e da resposta pessoal e comunitária do ser humano;
- possibilitar esclarecimentos sobre o direito à diferença na construção de estruturas religiosas que têm na liberdade o seu valor inalienável (Fonaper, 1997).

Na organização deste livro, buscamos explicitar os aspectos ALTERIDADE – CULTURAS – TRADIÇÕES. Com efeito, o reconhecimento e o respeito às diferenças na comunidade – próprios do campo da alteridade – implicam conhecer as culturas e as tradições que formam nosso país. Esses três aspectos permitem a compreensão do ambiente natural e social, do sistema político, da tecnologia, das artes e dos valores em que se fundamenta a sociedade, assim como o desenvolvimento da capacidade de aprendizagem, tendo em vista a aquisição de conhecimentos e habilidades e a formação de atitudes e valores. Além disso, favorecem o fortalecimento dos vínculos familiares e dos laços de solidariedade humana e de tolerância recíproca em que se assenta a vida social (9.394/96 - art. 32).

Uma história de origem africana sobre a verdade, publicada na Cartilha sobre a diversidade religiosa e direitos humanos da Secretaria Especial de Direitos Humanos do Brasil, expressa o que pretendemos neste trabalho. A narrativa diz que, entre o Orum (mundo invisível, espiritual) e o Aiê (mundo natural), existia um grande espelho. Assim, tudo que estava no Orum se materializava e se mostrava no Aiê. Ou seja, tudo que estava no mundo espiritual se refletia exatamente no mundo material. Ninguém tinha a menor dúvida em considerar todos os acontecimentos como verdades. E todo cuidado era pouco para não quebrar o espelho da Verdade, que ficava bem perto do Orum e bem perto do Aiê. Nesse tempo, vivia no Aiê uma jovem chamada Mahura, que trabalhava muito, ajudando sua mãe. Ela passava dias inteiros a pilar inhame. Um dia, inadvertidamente, perdendo o controle do movimento ritmado que repetia sem parar, a mão do pilão tocou forte no espelho, que se espatifou pelo mundo. Mahura correu desesperada para desculpar-se com Olorum (o Deus supremo). Qual não foi a surpresa da jovem quando o encontrou calmamente deitado à sombra de um iroco (árvore sagrada, guardiã dos terreiros). Olorum ouviu as desculpas de Mahura com toda a atenção e depois declarou que, por causa da quebra do espelho, a partir daquele dia já não existiria uma verdade única. E concluiu: "De hoje em diante, quem encontrar um pedaço de espelho em qualquer parte do mundo já pode saber que está encontrando apenas uma parte da verdade, porque o espelho espelha sempre a imagem do lugar onde ele se encontra." Portanto, para seguirmos a vontade do Criador, é preciso, antes de tudo, aceitar que somos todos iguais, apesar de nossas diferenças. E que a Verdade não pertence a ninguém. Há um pedacinho dela em cada lugar, em cada crença, dentro de cada um de nós.

Caso você queira conhecer e informar-se mais sobre o Ensino Religioso, conheça o *site* do Fórum Nacional Permanente do Ensino Religioso (Fonaper) – www.fonaper.com.br – e o do Grupo de Pesquisa Educação e Religião (GPER) – www.gper.com.br.

*Os Autores*

Atividade **1**

## A família (I)

**Esta atividade auxilia o aluno a:**
- reconhecer a importância da família na construção do conhecimento do transcendente (= muito elevado, superior, sublime, excelso; que transcende os limites da experiência possível, metafísico).

**Conteúdo:**
- conhecimento da ideia de transcendente.

**Você vai precisar de:**
- folhas de papel, revistas, cola, lápis.

**Procedimento:**
- estimular os alunos a procurar, em revistas, figuras que representem a família, a fim de que as colem numa folha de papel e apresentem o trabalho ao grupo, identificando cada um dos membros da família.
- os alunos também podem procurar figuras representativas de atividades que desenvolvem com a família.

- explicar-lhes que até uma simples refeição, com toda a família sentada em volta da mesa, pode assumir um significado muito importante. Essa união familiar pode igualmente estar presente no momento de cultuar o transcendente (Deus). Por exemplo, mediante a prece feita antes das refeições e o comparecimento aos templos para celebrar o sagrado.
- estimular os alunos a compartilhar a maneira pela qual a família de cada um celebra o transcendente.

A ideia que temos do transcendente (Deus), geralmente a recebemos da família, nosso primeiro grupo social. A família orienta-nos nos mais diversos aspectos de nossa existência e imprime em nós o conceito de fé ou a própria falta de fé. Assim, o conceito que temos sobre o transcendente, o sagrado, está ligado à nossa cultura e principalmente à nossa tradição religiosa de origem, tendo sido construído com base nesses fatores.

# Atividade 2
## A família (II)

### Esta atividade auxilia o aluno a:

• reconhecer a importância da família na construção do conhecimento do transcendente.

### Conteúdo:

• conhecimento da ideia de transcendente.

### Você vai precisar de:

• cópia do roteiro de entrevista a ser desenvolvida com os familiares.

### Procedimento:

• incentivar os alunos a entrevistar os familiares.

ROTEIRO DE ENTREVISTA

Faça uma pesquisa com as pessoas que moram com você e pergunte em que elas creem. Pinte uma estrela correspondente à pessoa que responder afirmativamente. Se a resposta for negativa, não pinte.

| Nome | Acredita em Deus? | Acredita que as pessoas vivem melhor quando têm uma prática religiosa? | Acredita na importância de fazer parte de uma comunidade religiosa? |
|---|---|---|---|
|  |  |  |  |
|  |  |  |  |
|  |  |  |  |

> Ao longo da história, a família tem revelado sua importância na socialização das pessoas, pois é nela que nosso aprendizado começa. É com os familiares que aprendemos a andar, falar e comunicar-nos. Também aprendemos com a família a amar e ter fé.

# Atividade 3
## Qual é o nome?

**Esta atividade auxilia o aluno a:**
• respeitar as características e a religião das pessoas.

**Conteúdo:**
• identidade e religiosidade.

**Você vai precisar de:**
• caderno dos alunos, folhas de papel sulfite, barbante, prendedores de roupa.

**Procedimento:**
• os alunos pesquisam a própria história por meio de relatos dos mais velhos e de documentos, como certidão de nascimento e fotos que os mostrem nas diversas fases da vida. As informações coletadas podem ser fixadas num varal. O objetivo é construir uma linha do tempo.
• falar sobre a importância do nome quando vamos preencher uma ficha ou quando conhecemos alguém. O nome da pessoa faz parte de sua identidade.
• incentivar os alunos a pesquisar junto aos pais ou responsáveis qual é a história de seu nome e perceber se há alguma relação do nome com a tradição religiosa da família. É importante que eles compreendam que o nome é uma propriedade e tem uma história iniciada por pessoas que gostam deles.

O nome que recebemos ao nascer faz parte de nossa identidade. Ele pode ser uma homenagem a alguém querido ou a um ídolo, na esperança de que as qualidades daquela pessoa sejam transferidas para a criança. Ele também pode ser a concretização das expectativas que os pais depositam no filho. Para o judaísmo, por exemplo, o nome define a identidade, a alma judaica. Um nome judaico é seu chamado espiritual, um título que reflete seus traços particulares de caráter e os dons concedidos pelo transcendente.

## Atividade 4
## A beleza das cores

**Esta atividade auxilia o aluno a:**
• conhecer e valorizar o outro.

**Conteúdo:**
• alteridade e diversidade religiosa.

**Você vai precisar de:**
• bonecos de papel branco, giz de cera, miçangas coloridas e elástico.

**Procedimento:**
• cada aluno pintará um boneco de papel com sua cor preferida.
• depois, cada um deverá falar de sua cor preferida enquanto o professor cola os bonecos em uma cartolina, identificando-os.
• o professor fala sobre quanto é importante poder expressar a própria opinião e orienta os alunos para que busquem respeitar a opinião do colega. Tratar com carinho o semelhante e respeitar sua fé é dever de todo cidadão, pois todos têm direito de expressar livremente a fé que possuem. É o que diz o artigo XVIII da Declaração Universal dos Direitos Humanos:

*Todo ser humano tem direito à liberdade de pensamento, consciência e religião; este direito inclui a liberdade de mudar de religião ou crença e a liberdade de manifestar essa religião ou crença pelo ensino, pela prática, pelo culto e pela observância, em público ou em particular.*

• pode-se comparar a diversidade das cores dos bonecos com as cores da natureza e questionar como seria se tudo fosse azul, por exemplo.
• outra sugestão é fazer pulseiras com as cores preferidas dos colegas.

A sociedade brasileira é formada por diferentes etnias e por imigrantes de diferentes países. Essas diferenças manifestam-se também nas tradições religiosas. Respeitar os direitos humanos é promover a vida em sociedade, sem discriminação de gênero (homem/mulher), de classe social, de cultura, de religião, de etnia, de deficiência ou de orientação sexual. Para que exista a igualdade de direitos, é preciso respeito às diferenças.

## Atividade 5
## A beleza da diferença

**Esta atividade auxilia o aluno a:**

• perceber que as diferenças são positivas.

**Conteúdo:**

• alteridade e diversidade religiosa.

**Você vai precisar de:**

• bandejas de isopor, massa de modelar.

**Receita de massinha com bicarbonato de sódio**

2 xícaras de bicarbonato de sódio.
1 xícara de amido de milho.
1¼ de xícara de água fria.
Corante alimentício (opcional).

**Modo de fazer:** colocar os ingredientes em uma panela pequena e mexer para misturá-los muito bem. Cozinhar em fogo médio, mexendo de 10 a 15 minutos. A massinha deve ter a consistência de um purê de batatas. Adicionar corante alimentício à água para deixar a massinha colorida. Despejar a massinha em um prato. Cobrir com um pano úmido enquanto esfria.

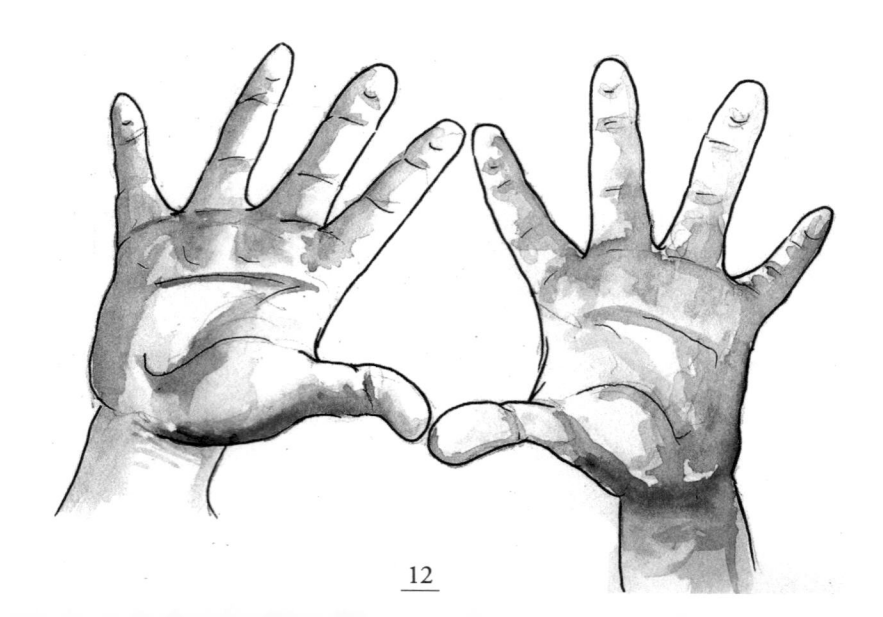

**Conservação:** refrigerada em um recipiente plástico dura até uma semana. É necessário estar em temperatura ambiente antes do uso.

**Secagem:** 1) ao ar livre; 2) em forno preaquecido a 180°C: desligar o forno, colocar os objetos acabados sobre uma assadeira e deixá-los ali até esfriar; 3) em micro-ondas: colocar os objetos sobre uma toalha de papel, assá-los em potência média por 30 segundos de cada lado até a secagem completa.

## Procedimento:

• dizer aos alunos que espalhem a massa de modelar na bandeja de isopor e pressionem nela uma das mãos, de maneira que o contorno da mão fique em baixo-relevo.

• conversar sobre as diferenças dos dedos das mãos e sobre como são harmoniosos vistos em conjunto. Falar da funcionalidade deles e de como seria se todos fossem iguais.

---

Somos como os dedos das mãos. Somos diferentes na aparência, nos dons e na maneira de relacionarmo-nos com o transcendente. Mas o fato de sermos diferentes não nos impede de viver e relacionar-nos bem, pois é justamente nos relacionamentos que podemos crescer e desenvolver nossas capacidades.

---

# Atividade 6
## Vivendo em harmonia (I)

**Esta atividade auxilia o aluno a:**
• identificar as diferentes tradições religiosas com base no contexto dos colegas.

**Conteúdo:**
• diversidade religiosa.

**Você vai precisar de:**
• material para maquete, como caixas de diversos tamanhos, placa de isopor, tintas diversas, pincéis etc.

**Procedimento:**
• fazer um passeio pelas imediações da escola para pesquisar a presença de templos.
• construir uma maquete da rua e procurar incluir nela os templos de todas as tradições religiosas representadas pelos alunos.

- promover um debate sobre a convivência harmoniosa entre as diferentes tradições religiosas com base no diálogo, no respeito e na fraternidade (procurar no dicionário o significado dessas palavras e fazer pequenas placas de sinalização para serem inseridas na maquete).
- pesquisar os templos de outras tradições religiosas não representadas para compor a maquete.

O diálogo inter-religioso implica sempre atenção, respeito e acolhimento do universo do outro. É por meio do diálogo que comunidades de diferentes credos podem conhecer-se mutuamente. Isso só é possível quando se garante o espaço de liberdade de expressão e o direito de preservação de convicções pessoais. Portanto, não é preciso pensar da mesma forma para que o diálogo se estabeleça; respeitando a singularidade de cada um, ele possibilita a comunicação e o compartilhamento de vida, de experiência e de fé. Os outros com os quais dialogamos deixam de ser estranhos e passam a ser "nossos amigos". O diálogo e o respeito à pluralidade religiosa podem promover a paz entre as comunidades religiosas. E podemos ser agentes dessa paz ao olharmos o outro com respeito e amor.

## Atividade 7
## Vivendo em harmonia (II)

**Esta atividade auxilia o aluno a:**
• identificar os símbolos e rituais das diferentes tradições religiosas.

**Conteúdo:**
• diversidade religiosa.

**Você vai precisar de:**
• papel e lápis.

**Procedimento:**
• pedir que cada aluno faça uma lista dos símbolos e rituais das manifestações do fenômeno religioso próprias de sua tradição religiosa.
• depois, dividir a turma em pequenos grupos, para que façam as comparações entre as listas de cada integrante dos grupos.
• pedir que registrem em seus cadernos os símbolos mais citados e os menos citados para compartilhar no grande grupo.

A manifestação religiosa dá-se por meio de sinais da fé de um povo que necessita do transcendente e o busca. O fenômeno religioso é tudo que se pode observar relacionado com a crença de uma pessoa, de um grupo, de uma localidade, de um país e até de civilizações antigas. Os símbolos têm importante papel em todas as atividades religiosas, uma vez que não há religião sem símbolos. Eles unem e identificam as tradições religiosas. As vestes, as cores, as músicas, os sons, as orações, os gestos, as peregrinações, as danças, os rituais, as práticas corporais expressam os valores das tradições religiosas.

Várias ações comuns, como um aperto de mão ou um simples "oi", são rituais de cumprimento e expressam amizade, afinidade ou confiança entre os indivíduos. Um ritual é um conjunto de gestos, palavras e formalidades que oferece uma oportunidade para atribuir um significado à vida familiar e comunitária.

Há vários tipos de rituais, como os ritos de adoração e os sacramentos de religiões organizadas e seus cultos, os ritos de passagem de certas sociedades, como casamentos, funerais etc. Os rituais evocam símbolos e ações simbólicas. Por exemplo, a troca dos anéis no casamento representa a união entre duas pessoas.

# Atividade 8
## Koinonia

**Esta atividade auxilia o aluno a:**
- aprender a conviver e respeitar o outro.

**Conteúdo:**
- jogos e brincadeiras.

**Você vai precisar de:**
- tiras de papel ou cartolina, pincel atômico ou caneta hidrográfica, aparelho de som e CD instrumental.

**Procedimento:**
- estimular os alunos a andar pela sala olhando uns aos outros, enquanto uma música toca. Quando o som parar, devem escolher um par e ficar ao lado dele(a). Cumprimentam-se de alguma forma, com algum gesto (aperto de mão, abraço etc.).
- em seguida, pedir que os pares andem pela sala (desta vez são dois alunos andando juntos). Assim que a música parar, deverão associar-se a outro par (ficando o grupo com quatro alunos).

• entregar as tiras de papel e a caneta hidrográfica para os alunos comporem uma palavra que represente um valor universal e seja formada pela junção das letras de seus nomes. Exemplo: André + Julia + Débora + Anne = AJUDA.

• escrever no quadro as palavras formadas e promover um debate sobre a importância desses valores na vida comunitária.

Uma palavra grega muito usada hoje é KOINONIA, traduzida para o português como COMUNHÃO, isto é, o ato de usar uma coisa em comum. Tem o sentido de companheirismo, compartilhamento, congregação de pessoas de comum interesse, uso comum, participação etc.

O cristianismo é uma das tradições religiosas de nossa cultura ocidental. O autor do livro dos Atos dos Apóstolos descreve a vida em comunidade da Igreja cristã primitiva: *"E todos continuavam firmes, seguindo os ensinamentos dos apóstolos, vivendo em amor cristão, partindo o pão juntos e fazendo orações"* (Atos 2.42). O autor identificou algo de comum entre eles: todos os que criam estavam juntos. O fato de crerem em Jesus fazia que estivessem juntos. A fé pode unir as pessoas, mas também pode separá-las se não houver respeito e tolerância.

## Atividade 9
## Valores para a vida

**Esta atividade auxilia o aluno a:**

• reconhecer o direito à liberdade de crença de cada cidadão e cidadã.

**Conteúdo:**

• diversidade religiosa.

**Você vai precisar de:**

• folhas de papel e lápis.

**Procedimento:**

• pesquisar, entre os colegas, os valores de suas tradições religiosas e fazer uma lista dos valores que se repetem.
• debater a importância desses valores e como sua prática pode colaborar na convivência social.
• elaborar, com base nos valores que se repetem nas tradições religiosas representadas na classe, um cartaz com ações que colaboram na boa convivência.

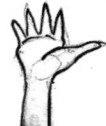

Os valores humanos, também chamados de permanentes ou universais, são aqueles que nos remetem à essencialidade de nossa condição humana: dignidade, liberdade, integridade, respeito, bondade, amor, altruísmo, empatia, solidariedade, tolerância, compreensão, responsabilidade, compaixão, inclusão, justiça...
As diversas tradições religiosas orientam seus fiéis para a prática de princípios que guiam a vida do indivíduo. Esses valores visam a um crescimento pessoal e comunitário, pois, quando se está bem consigo, se está bem com o mundo. Os valores aproximam as tradições religiosas, e por meio dessa convicção é que os alunos podem ser levados a perceber que, mesmo nas diferenças religiosas, é possível uma convivência solidária, fraterna e pacífica. O maior anseio do ser humano é ser feliz, aqui e na vida após a morte, e todas as religiões procuram responder a esse anseio. Atitudes de solidariedade, cooperação e repúdio às injustiças, o respeito ao outro e a exigência desse mesmo respeito para si favorecem o exercício da cidadania. A diversidade religiosa é uma das formas de exercer a cidadania.

# Atividade 10
## Quem não se comunica...

**Esta atividade auxilia o aluno a:**
- compreender que há diferentes formas de oração;
- respeitar a maneira do colega de comunicar-se com o transcendente.

**Conteúdo:**
- oração.

**Você vai precisar de:**
- cartolina, folha de papel, aparelho de som.

**Procedimento:**
- formar três grupos, que deverão comunicar-se por meio da fala (com a leitura de um texto produzido pelo grupo), da escrita (com um cartaz elaborado pelo grupo) e de gestos (com a coreografia de uma música). Seria interessante que os grupos experimentassem essas três formas de comunicação.

• explorar, com base na experiência das tradições religiosas por parte dos alunos, quais foram os momentos em que eles sentiram necessidade de fazer uma oração, como se sentiram ao fazê-la, qual sua atitude ao orar (ajoelhar-se, fazer o sinal da cruz, curvar a cabeça, voltar-se para Meca etc.), qual a relação entre a oração e sua fé.

• propor uma pesquisa sobre a oração nas diversas tradições religiosas.

A comunicação é a troca de informações entre as pessoas. A fala, os gestos e a escrita são sistemas simbólicos de comunicação. A oração tem como objetivo a comunicação com o transcendente, em uma atitude de devoção e máximo respeito. É um ato de reconhecimento e louvor diante de um ser transcendente.

A fé, a espiritualidade e a religiosidade auxiliam no enfrentamento das situações de crise, fortalecendo os seres humanos, dando-lhes esperanças e diminuindo suas angústias. Por isso, muitos buscam suporte emocional no que consideram transcendente, vinculado ou não a uma religião específica, para tornarem-se menos frágeis. A oração é considerada a maior manifestação de fé e é encontrada em todas as tradições religiosas. Há diversos tipos de oração: adoração, louvor, súplica, agradecimento, confissão etc.

## Atividade 11
## De geração em geração

**Esta atividade auxilia o aluno a:**

• manter diálogo respeitoso, reconhecendo o momento de ouvir o outro e o momento de falar com o outro.

**Conteúdo:**

• os mitos e segredos na história dos povos.

**Procedimento:**

• os alunos devem pesquisar, junto aos familiares, as histórias que se contam em família e passam de pai para filho como se fossem verdades.
• compartilhar as histórias da família com o grupo.
• refletir sobre os mitos criados ao redor de pessoas (artistas, personagens públicas), como forma de projetar os próprios desejos, e sobre os interesses (econômicos, sociais, políticos, religiosos) envolvidos na criação e disseminação dos mitos.

• formar grupos de pesquisa para buscar informações sobre mitos de diversas tradições religiosas.

As religiões tentam explicar o presente e procuram entender a origem e a direção futura do ser humano. É a tentativa de responder às questões: De onde vim? O que estou fazendo aqui? Para onde vou? Na visão religiosa dos povos antigos, tudo era sinal do transcendente. Como o ser humano primitivo dependia totalmente da natureza, da sucessão regular das estações do ano, da queda de chuvas nas ocasiões apropriadas, do crescimento das plantas e da reprodução dos animais, acreditava que esses fenômenos naturais só ocorreriam se ele cumprisse certos sacrifícios e ritos. As narrativas mitológicas surgem, no decorrer da história, como formas de explicar os mistérios da vida e do mundo, a existência humana, os fenômenos sobrenaturais, contando a vida e as proezas do transcendente e dos heróis. A palavra "mito" vem do grego *mythos* e deriva do verbo *mytheyo* (contar, narrar, falar alguma coisa para outros) e do verbo *mytheo* (conversar, contar, anunciar, nomear, designar). Mito é, pois, a narrativa de uma criação. Essas histórias e aventuras explicavam, de forma poética e profunda, de que modo algo que não era começou a ser. Passadas de geração para geração, essas histórias adquiriam um aspecto religioso.

# Atividade 12
## Vamos cuidar?

**Esta atividade auxilia o aluno a:**

• conscientizar-se sobre a necessidade de cuidar do lugar público como patrimônio de todos.

**Conteúdo:**

• respeito e cidadania.

**Você vai precisar de:**

• folhas de papel para desenho, tintas diversas, pincéis.

**Procedimento:**

• os alunos são estimulados a desenhar as fachadas dos templos que frequentam, utilizando técnicas diversas, como aquarela, colagem etc.
• explicar que há muitos templos de várias tradições religiosas que foram tombados. O tombamento é um ato administrativo realizado pelo poder público, nos níveis federal, estadual e municipal, que tem como objetivo preservar bens de valor histórico, religioso, cultural, arquitetônico, ambiental e também de valor afetivo para a população, impedindo sua destruição e/ou descaracterização.

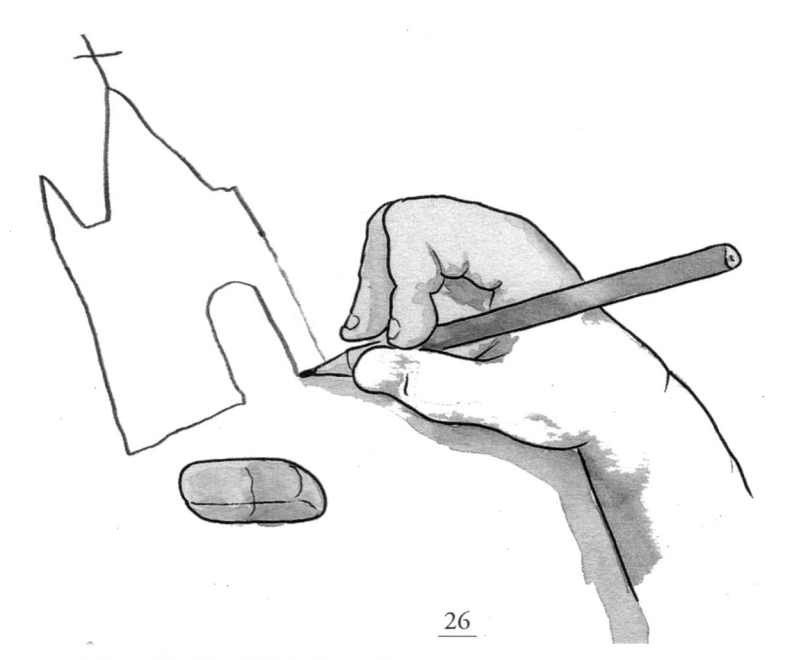

• organizar a exposição dos trabalhos.
• verificar se há algum patrimônio religioso tombado na vizinhança da escola.

A identidade e a história de um indivíduo fazem parte de sua identidade cultural. Essa identidade cultural envolve o compartilhamento de patrimônios comuns, como a língua, a religião, as artes, o trabalho, os esportes e as festas, entre outros. O patrimônio cultural é a riqueza comum que herdamos como cidadãos e que se vai transmitindo de geração a geração: práticas, formas de ver e pensar o mundo, cerimônias (festejos e rituais religiosos), danças, músicas, lendas e contos, brincadeiras e modos de fazer (comidas, artesanato etc.), instrumentos, objetos, lugares, símbolos, sentimentos... A destruição é desrespeito e crime contra o patrimônio histórico. Não há justificativa para a destruição da cultura de um povo, de uma nação ou de uma religião. Como todo o conhecimento humano é sempre patrimônio da humanidade, o conhecimento do fenômeno religioso deve também estar disponível a todos os que a ele queiram ter acesso.

## Atividade 13
## Prazer em conhecê-lo!

**Esta atividade auxilia o aluno a:**
- desenvolver a capacidade de dialogar, pressuposto essencial à convivência democrática.

**Conteúdo:**
- diálogo e tolerância.

**Você vai precisar de:**
- roteiro para a entrevista.

**Procedimento:**
- esclarecer que a fé das tradições religiosas é vivida em comunidade. Algumas comunidades reúnem-se em templos, outras não. Algumas se reúnem somente aos domingos, outras não.
- em seguida, estimular os alunos a fazer uma entrevista com o maior número possível de pessoas para descobrir algumas informações sobre detalhes de sua tradição religiosa, como:
1) De que forma são organizados os encontros ou reuniões?
2) Como são chamados os líderes da tradição religiosa?
3) Quais os principais encontros ou celebrações de que participam?

• elaborar um gráfico, com base nos dados levantados, para perceber a riqueza da diversidade. É conhecendo que se aprende a amar, respeitar e conviver harmoniosamente.

O diálogo e o respeito à pluralidade religiosa podem promover a paz entre as comunidades religiosas. Em novembro de 2001, a Unesco, organização vinculada à Organização das Nações Unidas (ONU), aprovou a Declaração Universal sobre a Diversidade Cultural, que, em seu artigo 4º, afirma:

*A defesa da diversidade cultural é um imperativo ético, inseparável do respeito à dignidade humana. Ela implica o compromisso de respeitar os direitos humanos e as liberdades fundamentais, em particular os direitos das pessoas que pertencem a minorias e os dos povos autóctones. Ninguém pode invocar a diversidade cultural para violar os direitos humanos garantidos pelo direito internacional, nem para limitar seu alcance.*

Podemos ser agentes dessa paz ao olharmos o outro com respeito e amor. As diversas tradições religiosas podem assumir a responsabilidade global de defesa do ser humano e da terra. Mas a paz entre as religiões é essencial para a paz entre as nações. Entretanto, o diálogo não pode ficar confinado à esfera religiosa. Antes, deve abraçar todas as dimensões da vida e realizar-se também com os não-religiosos.

## Atividade 14
## Um mundo melhor

**Esta atividade auxilia o aluno a:**

• despertar em si o desejo de encontrar a paz e promover ações de solidariedade.

**Conteúdo:**

• ação social.

**Procedimento:**

• pesquisar as ações sociais que as tradições religiosas representadas na classe desenvolvem na comunidade em que estão inseridas.

• pesquisar também representantes das tradições religiosas que dedicaram sua vida à luta pela igualdade e à promoção da paz, como: Gandhi (1869-1948), influente defensor do Satyagraha (princípio da não-agressão, forma não-violenta de protesto) como meio de revolução; Martin Luther King (1929-1968), pastor norte-americano, um dos principais

líderes do movimento americano pelos direitos civis, defensor da resistência não-violenta contra a opressão racial; Teresa de Calcutá (1910-1997), missionária católica que dedicou sua vida aos pobres e fundou casas religiosas por toda a Índia e, depois, no exterior.

- refletir sobre os pequenos gestos que podem contribuir para o bem viver e sobre como a soma desses gestos pode cooperar para a construção de um mundo melhor.

As pessoas querem viver a dignidade humana em sua profunda espiritualidade. O anseio é encontrar a paz de espírito e a riqueza da felicidade. E o sagrado tem como fundamento os mais altos valores da vida humana. Muitos grupos religiosos desenvolvem ações de ajuda humanitária às vítimas da fome, das epidemias e das exclusões. Em nossos dias, a luta contra as desigualdades e pela afirmação de um convívio pacífico entre as tradições religiosas ou culturais tem-se tornado um tema cada vez mais importante.

A busca da paz deve realizar-se no reconhecimento do direito do outro à diferença. Tolerância não significa o mero consentimento de que o outro exista, mas o reconhecimento de que ele tem tanto direito de pensar como pensa quanto eu tenho o direito de pensar como penso. Isso não constitui uma ameaça, mas proporciona crescimento. Assim, o convívio com o outro, o diferente, pode enriquecer e desenvolver nossa condição humana. Ao integrar-se em uma comunidade, o ser humano busca a aceitação do outro, a identificação do grupo e o fortalecimento da união. Essa convivência leva, de modo geral, à solidariedade, ao apoio mútuo, ao sentimento de grupo e de unidade.

# Identidade religiosa

**Esta atividade auxilia o aluno a:**

• elaborar um referencial de entendimento da identidade religiosa.

**Conteúdo:**

• diversidade religiosa.

**Você vai precisar de:**

• caderno do aluno.

**Procedimento:**

• estimular os alunos a pesquisar como as diversas tradições religiosas denominam o transcendente/Deus e como se relacionam com ele (oração, meditação, livros sagrados etc.).

• montar um painel com os resultados da pesquisa.

**Livros sagrados**
Hinduísmo: VEDAS
Budismo: TRIPITAKA
Judaísmo: TORÁ
Cristianismo: BÍBLIA
Islamismo: ALCORÃO ou CORÃO

As tradições religiosas buscam oferecer uma vida melhor por meio do encontro com o transcendente (Deus). Para algumas pessoas, tal encontro proporciona-lhes autoconhecimento e o desenvolvimento de valores que as conduzem a uma vida plena e feliz. O ser humano finito, inconcluso, busca fora de si o desconhecido, o mistério.
A oração, considerada a maior manifestação de fé, é encontrada em todas as tradições religiosas. Tem como objetivo a comunicação com o transcendente, em uma atitude de devoção e máximo respeito.

# A beleza da diversidade

**Esta atividade auxilia o aluno a:**
- reconhecer a diversidade, constatando a beleza desse fenômeno;
- olhar para o diferente sem discriminação e com sensibilidade.

**Conteúdo:**
- as religiões do Brasil.

**Você vai precisar de:**
- papel A4 (uma folha para cada aluno) e caixinhas de lápis de cor;
- um cartaz grande com o desenho de uma casa com inúmeras janelas;
- uma imagem grande de floresta que dê destaque à biodiversidade.

**Procedimento:**
- o professor oferece aos alunos uma folha de papel em branco e pede que cada um desenhe uma grande casa. Nessa casa o aluno desenhará tantas janelas quantas forem necessárias para registrar o nome das religiões presentes em sua família.
- exemplo: ele pode desenhar uma janelinha para si e escrever nela o nome de sua religião; outra para um tio, mais outra para uma prima, uma quarta para os avós etc. Esse trabalho pode ser terminado em casa com o auxílio das informações que o aluno poderá obter perguntando a seus familiares qual sua pertença religiosa.
- na aula seguinte, o professor apresenta, num grande cartaz (ou faz, no quadro de giz), o desenho de uma casa enorme com muitas janelas e, à medida que os alunos vão dizendo quais religiões estão presentes em sua família, ele vai escrevendo o nome delas nas janelas da grande casa. Ao término, pode, com a ajuda dos alunos, ir completando o trabalho com o nome de outras religiões presentes no Brasil, por exemplo: budismo, candomblé etc.

- preenchidas todas as janelas, a turma encontra um nome para essa casa. Se a casa que cada um elaborou se intitulava: "As religiões presentes em minha família", a casa coletiva pode ser chamada de...

> Refletir com os alunos sobre a seguinte questão: como membros de uma família que moram sob o mesmo teto devem comportar-se a fim de viver de maneira harmoniosa? Após serem definidas algumas precondições, conduzir a reflexão para a questão de o Brasil ser a casa territorial dos brasileiros e de existirem muitas pessoas diferentes, com religiões e maneiras de ser distintas, que compõem a diversidade humana brasileira. Comparar essa diversidade com a biodiversidade, mostrando imagens de uma floresta com diferentes espécies de plantas e animais e enfocando a beleza da diversidade. Esse mesmo enfoque, por fim, é dado à diversidade de religiões e crenças que compõem o cenário brasileiro.

# Será que tudo o que vive é meu próximo?

**CULTURAS & TRADIÇÕES**

**Esta atividade auxilia o aluno a:**
• identificar a diversidade de formas de vida e a diversidade de crenças;
• refletir sobre comportamentos que valorizam a vida.

**Conteúdo:**
• as diferenças religiosas, entre outras.

**Você vai precisar de:**
• material para elaboração de cartazes, cenários e indumentária para as dramatizações.

**Procedimento:**
• relatar aos alunos a seguinte história: um dia um homem sábio disse, com toda a certeza de seu coração, a seguinte frase: "Tudo aquilo que vive é meu próximo." Esse homem chamava-se Gandhi e vivia na Índia, um país onde muitas religiões do mundo se encontram e convivem pacificamente, assim como no Brasil.
• perguntar: O que será que ele queria dizer? Permitir que os alunos opinem livremente sobre essa ideia de Gandhi.
• o professor dá sequência à atividade, definindo o que é um ser vivo. Explica que atualmente muita gente se dedica ao estudo da vida, e os que defendem a vida em todas as suas formas dizem que animais, insetos, vegetais, rios, pedras e até mesmo o planeta são seres vivos. Pedir aos alunos que pensem nisso e vejam quantas formas tão diferentes de vida existem.
• continuar a explicação, dizendo que algumas tradições religiosas originadas dos povos das florestas também pensam assim, e ecologistas de diferentes religiões compartilham da ideia de que todos somos um e a natureza é vida que se manifesta criativamente nas mais diferentes formas. Entendendo a vida de maneira ampla e permitindo que ela seja respeitada em seu direito de ser, tornamo-nos próximos, abraçamos afetivamente o direito à vida com qualidade para todos.
• após conversar sobre isso, perguntar: Se eu concordar com a ideia de que tudo o que vive é meu próximo, como posso agir valorizando a vida?

- neste momento, pedir que os alunos criem, em equipes, pequenas dramatizações que apontem para formas de respeitar a vida em sua diversidade.
- os alunos apresentam suas dramatizações e o professor pode continuar a conduzir a reflexão, salientando o fato de que pessoas de diferentes religiões são também meu próximo, tanto quanto aquelas que pertencem à mesma religião a que pertenço ou, ainda, que não têm religião alguma. Podemos estabelecer com todos laços de fraternidade e de defesa do direito universal de crer ou não crer.
- programar uma passeata no colégio na hora do recreio (pode ser em outro dia). Para tanto, os alunos organizar-se-ão e produzirão cartazes, enfatizando a ideia de que todos têm direito a liberdade de crença religiosa e de que tudo o que vive é meu próximo, atitudes de respeito para com o diferente etc.

**Expor no quadro as seguintes questões problematizadoras, para debate:**

- Você não gosta de alguma forma de vida? Por quê?
- Como você se relaciona com pessoas diferentes de você?
- Como você se relaciona com os animais?
- É importante cuidar da saúde dos rios, das árvores, das pedras e da terra? Por quê?
- Sua religião diz alguma coisa sobre como você deve comportar-se em relação ao próximo?
- As religiões ajudam ou atrapalham na tarefa de cuidar da vida em suas múltiplas formas?
- O que significa para você amar seu próximo se ele tiver uma religião diferente da sua, se torcer para outro time de futebol, se for pessoa com alguma diferença física, se tiver uma cor de pele diferente da sua ou pensamentos diferentes dos seus?

# Expressões religiosas

CULTURAS & TRADIÇÕES

**Esta atividade auxilia o aluno a:**

• valorizar o direito do outro à expressão religiosa, entendendo suas práticas religiosas diferenciadas.

**Conteúdo:**

• influência das crenças religiosas na vida prática das pessoas.

**Você vai precisar de:**

• folhas de papel e lápis.

**Procedimento:**

- explicar que, como parte da dimensão cultural, o transcendente influencia a compreensão de mundo e a maneira como o ser humano religioso vive seu cotidiano. Assim, o que para alguns é normal e corriqueiro, para outros é encantador, sublime, extraordinário, repleto de importância e, portanto, merecedor de tratamento respeitoso.
- estimular os alunos a formar pequenos grupos de discussão em torno da seguinte questão: Por que cada comunidade expressa de forma diferente sua fé?
- cada grupo deve eleger um representante e registrar as conclusões para apresentar ao grande grupo.

> O ser humano é um ser social que tem necessidade de viver em comunidade, comunicar-se e de relacionar-se com os outros. As várias tradições religiosas têm formas diversas de expressar sua fé, seus ritos e seu conjunto de valores. Isso constitui a identidade e o significado de existência da tradição religiosa. Para compreender o cotidiano do ser humano religioso, é preciso entender que, nos momentos em que os grupos se reúnem para reverenciar o sagrado, os lugares se transformam num universo especialmente simbólico, resultante das crenças existentes nas tradições religiosas. A combinação de elementos culturais e naturais remete a experiências do sagrado. O ser humano consagra determinados lugares porque necessita viver e conviver no mundo sagrado. A ideia da existência de lugares sagrados e de um mundo sem imperfeições auxilia o ser humano a suportar suas dificuldades diárias. Com esse lugar definido, organizam-se, entre outras atividades, ritos, festas e homenagens ao sagrado.

# Atividade 19
## Lendo o sagrado

**Esta atividade auxilia o aluno a:**

• reconhecer o significado dos textos e narrativas sagradas para as tradições religiosas.

**Conteúdo:**

• narrativas sagradas.

**Você vai precisar de:**

• venda para os olhos, caderno do aluno.

**Procedimento:**

• escolher dois alunos e pôr uma venda nos olhos de um deles. Este deve seguir suas instruções para chegar até o colega, que estará a certa distância.

- fazer o aluno com a venda nos olhos dar algumas voltas em torno de si mesmo e então comece a dar-lhe as instruções: um passo para a direita, siga em frente etc.
- em seguida, explicar que, para algumas tradições religiosas, os ensinamentos dos textos sagrados são referenciais de fé e, portanto, inspiram e orientam a vida e a ação de seus seguidores.
- propor uma pesquisa sobre as formas de transmissão dos fundamentos religiosos das tradições religiosas representadas pelos alunos. Estes podem trazer seus textos sagrados para compartilhar com os colegas, apresentar-lhes um trecho desses textos, uma dança ou outra representação sagrada de sua tradição religiosa.

Para que os ensinamentos de uma religião se perpetuem, faz-se necessário que sejam transmitidos às novas gerações. Essa transmissão realiza-se, entre outros modos, de forma oral, escrita e pictórica. Nos textos sagrados, pela revelação, o sagrado dá-se a conhecer aos seres humanos, transmitindo-lhes regras e mostrando sua vontade e seus mistérios.

Exemplos de citações sagradas:

- O Mahabaratha hindu diz: "Eis a súmula de todo dever: não façais aos outros o que, se fosse feito a vós, vos causaria dor."
- Um mestre judeu escreveu: "O que é odioso a vós, não façais aos outros."
- Buda afirmou: "Não firais os outros com o que vos fere."
- Jesus ensina: "Fazei aos outros o que quereis que eles façam a vós."
- Maomé diz: "Nenhum de vós sois um crente até devotar ao próximo o amor que devotais a vós mesmos."

# Conhecer e amar

**Esta atividade auxilia o aluno a:**

• valorizar o direito do outro à expressão religiosa, entendendo suas práticas religiosas diferenciadas.

**Conteúdo:**

• influência das crenças religiosas na vida prática das pessoas.

**Você vai precisar de:**

• cartões duplos com figuras de animais diversos.

**Procedimento:**

- distribuir os cartões de forma aleatória. Estimular os alunos a imitar o animal do cartão e a procurar, sem nada dizer, o colega que forma par com eles.
- após explicar que, assim como a imitação ajudou na formação da dupla, os símbolos unem e identificam as tradições religiosas, promover uma reflexão com os alunos, ajudando-os a perceber que um mesmo símbolo pode ter significados distintos para as pessoas e que o transcendente, o sagrado, é invocado com diferentes nomes.
- propor uma pesquisa sobre as características de algumas tradições religiosas, como hábitos, vestimentas, alimentação e estilo de vida. Por exemplo, para o hinduísmo, a vaca é um animal sagrado e, portanto, os hindus não comem carne. O objetivo não é uma pesquisa vasta e intensa, mas, sim, a percepção das diversas características religiosas.

> Conhecer-se e respeitar o outro como a si mesmo inclui o respeito aos valores, símbolos e manifestações das tradições religiosas. Uma observação superficial pode levar a opiniões erradas e a atitudes preconceituosas, como o crime contra patrimônios religiosos. Não se pode amar o que não se conhece, e o conhecimento de como o outro é e pensa pode trazer a paz.
>
> O que pode acontecer se olharmos e assimilarmos as práticas religiosas exclusivamente pelos olhos de nossa tradição religiosa?

# Andar com confiança

**Esta atividade auxilia o aluno a:**
- valorizar as formas pelas quais as tradições religiosas se expressam.

**Conteúdo:**
- experiência religiosa.

**Você vai precisar de:**
- cartolinas e material de pesquisa, como revistas, jornais etc.

**Procedimento:**
- verificar com os alunos quais expressões usadas por eles no dia a dia advêm de suas tradições religiosas e por que as utilizam (porque ouvem seus familiares, falam sem pensar, são expressões que definem sua religiosidade...).

- propor que pesquisem as manifestações das tradições religiosas representadas na classe, como procissões, celebrações etc., e façam um painel ilustrado.

A religião é uma tentativa humana e histórica de preservar e organizar as experiências religiosas. Aprendemos a acreditar nas relações com os outros, na família, na escola, nos grupos de amizade, nas comunidades, nas organizações, nas instituições...

O sagrado manifesta-se e revela-se em toda forma humana de transcender, e não apenas numa ou noutra religião. As manifestações religiosas são constantes em todas as culturas, fazendo parte do dia a dia de cada membro das comunidades. Os atos concretos de solidariedade, fraternidade, justiça revelam as dimensões religiosas e abrem-nos a possibilidade de acreditar sempre mais. Por isso, a religiosidade torna-se sempre uma prática, uma maneira especial de viver e de relacionar-se consigo, com o próximo e com o transcendente.

A religiosidade é uma questão pessoal do ser humano.

É impossível viver a experiência da fé no lugar de outrem, pois sempre se trata de uma experiência pessoal com o transcendente. A fé é uma resposta à vida que envolve o indivíduo por inteiro: emoção, razão e ação. Todas as sabedorias religiosas ensinam que a adesão religiosa deve efetivar-se por decisão própria e depende de um ato religioso. Essa atitude de fé permite sempre querer relacionar-se com o transcendente.

# As forças da natureza

**Esta atividade auxilia o aluno a:**

• desenvolver o respeito pela natureza e pela tradição religiosa indígena.

**Conteúdo:**

• tradição religiosa indígena.

**Você vai precisar de:**

• duas garrafas descartáveis transparentes: uma recortada em cerca de ¾ de seu corpo e outra em cerca de ¼ de seu corpo. A parte maior serve para fazer a montagem e a menor serve como tampa;
• terra;
• mudas de plantas;
• pedrinhas de aquário.

## Procedimento:

- estimular os alunos a construir um terrário (miniatura de meio ambiente), utilizando as garrafas descartáveis.
- montar as camadas, colocando primeiro as pedrinhas e depois a terra. Abrir buracos na última camada e plantar as mudas. Regar e tampar, providenciando boa vedação da tampa com fita adesiva. O terrário tem de receber luz, porém não deve ficar exposto diretamente ao sol.
- acompanhar o fenômeno. Os alunos vão gostar de ver as gotinhas formando-se. Quando a umidade chega ao ponto de saturação, ocorre uma espécie de chuva que devolve a água à terra.
- falar sobre os índios e sobre sua relação com o meio ambiente. A natureza está sempre presente na vida deles. As aldeias, cercadas pelas florestas, mostram como é possível o equilíbrio entre o ser humano e a natureza.

---

Para as tradições religiosas indígenas, as forças da natureza – um barulho de vento mais forte, um trovão, um relâmpago, uma queda de barreira, uma árvore caída, um rio que secasse, uma enchente, uma doença, o aparecimento ou desaparecimento de certo animal, a escassez de alimentos etc. – eram manifestações dos espíritos. O Sol e a Lua eram vistos como deuses que vigiavam os indígenas constantemente. As lendas transmitem esses fundamentos às gerações.

Os indígenas não se importavam em construir templos ou altares; para eles, todos os lugares eram sagrados.

# Atividade 23
## As religiões indígenas

**Esta atividade auxilia o aluno a:**
- reconhecer elementos da espiritualidade indígena;
- ter contato com aspectos da cultura religiosa cotidiana dos povos indígenas.

**Conteúdo:**
- a espiritualidade indígena nas diferentes nações.

**Você vai precisar de:**
- caneta e caderno para os alunos;
- palha de milho seca (para a construção da peteca).

**Procedimento:**
- falar aos alunos sobre a diversidade de nações indígenas existentes no Brasil, ainda na atualidade, salientando que cada uma tem seu jeito próprio de viver a espiritualidade. São diferentes os mitos, os hábitos, os nomes das divindades, os rituais etc.

- feita essa introdução, que explicita a diversidade das religiões indígenas, o professor pode escrever no quadro as seguintes questões, para serem trabalhadas pelos alunos em grupos:
1) O que significa relacionar-se com a natureza de maneira sagrada?
2) Em sua opinião, o que mais podemos aprender com os povos indígenas?
3) Você sabia que o jogo de peteca foi inventado pelos índios? Que tal pesquisarmos como construir uma peteca? Mãos à obra!

**Curiosidade:** O jogo de peteca é típico dos índios Mbyá. Eles dizem que os trovões, na época de chuva, são os sons da peteca sendo jogada pelos deuses e que os relâmpagos são os movimentos dela no ar.

**Para fazer uma peteca:** Dobrar a palha seca de milho de maneira que forme um quadrado com várias palhas sobrepostas. Depois de as camadas ficarem bem firmes, amarra-se para separar a base da ponta. Esta é então desfiada.

**Para jogar a peteca:** Existem diferentes formas – em duplas, em círculos etc. Sugerimos que o professor trabalhe em círculo, pois pode aproveitar a formação dos alunos para referir-se ao significado do círculo na vivência religiosa indígena. No círculo todos são iguais, irmãos, não há inferior ou superior; no círculo todos podem dar-se as mãos, significando a comunhão entre as pessoas da comunidade.

> Os índios diferenciam-se muito em suas práticas e crenças religiosas, porém é comum a todas as nações o profundo respeito à terra e à natureza – essa é a ideia que une todos os povos indígenas.
> Para eles, a natureza é sagrada, a divindade não está separada dela.
> Nós temos muito que aprender com esses povos que vivem inseridos na natureza, sentindo-se parte dela e, portanto, relacionando-se com ela de maneira sagrada.

# Os sacerdotes/médicos das comunidades indígenas

**CULTURAS & TRADIÇÕES**

**Esta atividade auxilia o aluno a:**

• compreender o papel do pajé na sociedade indígena;
• perceber a relação entre cura e pajelança nas comunidades indígenas.

**Conteúdo:**

• a pajelança.

**Você vai precisar de:**

• papel, lápis preto e de cor, TV e aparelho de reprodução (vídeocassete ou DVD).
• documentário Xingu, encontrado em locadoras.

**Procedimento:**

- os alunos são convidados a elaborar uma pequena história em quadrinhos, cuja personagem principal será um pajé, homem ou mulher, levando em consideração os seguintes elementos:

1) Os pajés são pessoas preparadas para interceder junto às forças sobrenaturais e naturais a fim de manter a harmonia na aldeia e a saúde das pessoas.

2) São pessoas capazes de comunicar-se com os espíritos, exercendo a função de sacerdotes e, ao mesmo tempo, de médicos.

3) São homens e mulheres que se dedicaram ao aprendizado complexo das plantas curativas e aprenderam a comunicar-se com todos os elementos da natureza.

4) Eles têm a difícil tarefa de controlar os espíritos ruins e trabalhar em parceria com os espíritos bons.

- para auxiliar no desenvolvimento da atividade, sugere-se que o professor passe para os alunos partes do documentário Xingu.

> Os pajés são também sábios e conselheiros e passam muito tempo aprendendo o conhecimento sagrado para então poder servir a seu povo.

# Mito indígena: a reconquista do dia

**Esta atividade auxilia o aluno a:**

• compreender que os textos sagrados se expressam por meio de mitos;
• conhecer um pouco da mitologia indígena.

**Conteúdo:**

• conceituação de mito.
• mito indígena.

**Você vai precisar de:**

• dicionários, papel e caneta;
• uma sala de aula bem tranquila para poder conversar e contar o mito aos alunos.

**Procedimento:**

• conceituar a palavra mito com os alunos. Sugere-se pesquisa em dicionários bem como a explanação do professor, a fim de esclarecer que a origem da palavra se relaciona com *mutus* – aquilo que não pode ser dito, aquilo que cala. Nesse sentido, as religiões utilizaram essa linguagem cheia de poesia para falar do mistério, que de outra maneira não pode ser expresso.
• a seguir, fazer a leitura do seguinte mito indígena:

### A VOLTA DO DIA

Antes existia apenas a escuridão silenciosa da noite; nela estava adormecida a vida em todas as suas formas. Na medida em que a vida surge na forma de diferentes seres, a luz surge com eles, por isso se tornaram visíveis. Agora vamos ouvir um mito dos índios Kamayurá do Alto Xingu que conta como foi a conquista do dia. Existiam dois irmãos, o Sol e a Lua, e eles sabiam que o dia havia sido roubado pelo urubu-rei, aquela ave soberana que era chefe de todas as outras aves. Em sua capacidade de voar muito alto, um dia o urubu-rei se aproximou do Sol e da Lua e levou o dia embora.

O Sol e a Lua decidiram que iriam recuperar o dia e libertá-lo; para isso pegaram palha e moldaram-na como se fosse um cadáver de anta, preencheram sua obra com esterco e detrito e esperaram até que surgissem muitas larvas e moscas.

Então os dois irmãos pediram que as moscas fossem dizer ao pássaro que havia um cadáver de anta cheio de guloseimas, ou seja, larvas, para elas.

– Levem pedacinhos e mostrem para o urubu-rei a fim de convencê-lo a vir até aqui.

As moscas foram até a aldeia dos pássaros e falaram a todos eles sobre o banquete que os esperava. O urubu-rei, cheio de entusiasmo, chamou pássaros para acompanharem-no neste banquete.

Quando lá chegaram, o Sol e a Lua agarraram bem firme o urubu-rei pelas penas e disseram-lhe:

– Você precisa nos devolver o dia que você roubou! Agora ele faz muita falta, não há mais ajuda para aquele que está perdido na escuridão! Se você não nos devolver o dia, ficará nosso prisioneiro para sempre!

O urubu-rei reclamou muito; como eles podiam fazer isto com ele? Afinal de contas, o Sol e a Lua reinavam sobre todo o céu, e o urubu não queria devolver o dia de jeito nenhum.

Mas, sem dar bola para suas reclamações, o Sol e a Lua não largavam suas penas e então o urubu-rei não teve alternativa senão concordar em devolver o dia.

O urubu-rei chamou o jacu e disse-lhe que se enfeitasse com penas de arara-vermelha e voltasse para a aldeia dos pássaros para buscar o dia. Foi o que o jacu fez. Quando o jacu chegou com o belo dia que deixa brilhos de luz em sua volta, entregou aquela beleza toda para o urubu-rei, que, ainda lamentando, devolveu para o Sol e a Lua. O urubu-rei foi libertado e, voando bem alto, foi embora (Boff, 2001, p. 41-42).

• comentar a história, dizendo que, segundo o mito, desde então todos os seres podem conhecer o dia e a noite. Os irmãos estão felizes por terem conseguido resgatar o dia e permitido que todas as criaturas se sintam banhadas por suas luzes em todas as manhãs e usufruam de sua alegria e maravilha até a hora em que, cansados de tantas belezas, se recolhem no repouso da noite para preparar-se para um novo dia.

> Para conhecer outros mitos, recomenda-se o livro de Leonardo Boff *O casamento entre o céu e a terra: contos dos povos indígenas do Brasil* (Rio de Janeiro: Salamandra, 2001), no qual você pode encontrar este e outros belos mitos indígenas.

# As religiões afro-brasileiras

**CULTURAS & TRADIÇÕES**

### Esta atividade auxilia o aluno a:
• reconhecer elementos da espiritualidade afro-brasileira;
• ter contato com aspectos das religiões afro-brasileiras e do culto aos orixás.

### Conteúdo:
• a religião como força de resistência à escravidão.
• a visão de respeito e integração com as forças da natureza presente nas religiões de origem africana.

### Você vai precisar de:
• papel e caneta;
• biblioteca.

### Procedimento:
• conversar com os alunos sobre elementos de nossa cultura que se tornaram mais ricos por meio de heranças africanas. Exemplos: o ritmo da música brasileira, que se tornou mais complexo por conta da influência do batuque africano; algumas comidas, como a feijoada, que nos foi ensinada por esses povos; palavras como *nenê, banana, careca, carimbo, macaco, miçanga, moleque, quindim, samba, zebra...*
• os alunos podem realizar uma pesquisa em que listarão alguns elementos originados com os povos africanos que vieram a enriquecer a cultura brasileira. Após a partilha do resultado das pesquisas, sugere-se uma reflexão com enfoque na religião.
• como, em nossa sociedade, infelizmente existe muito preconceito contra as religiões de origem africana, é preciso que o professor faça um trabalho de sensibilização e entendimento voltado à valorização da cultura religiosa afro-brasileira. Sugere-se, para tanto, que ele busque esclarecer que todas as religiões do mundo são meios de levar as pessoas a uma vida em sociedade baseada na vivência dos valores humanos, mas, muitas vezes, algumas pessoas, em nome de "Deus", fazem o contrário, principalmente quando disseminam ideias de desvalorização das crenças e da maneira de viver dos outros.
• sugere-se também que cada aluno faça uma poesia na qual procure evidenciar a beleza dos povos de origem africana e suas contribuições.

• após a exposição dos poemas escritos pelos alunos, o professor pode apresentar o seguinte poema:

UM OLHAR DE ENCANTAMENTO
Sabe de uma coisa...
Um dia eu vi o mar, com um jeito de poeta
Descobri que a alma do mar é feminina
Vaidosa e maternal
Outro dia, ventava muito, e eu senti o vento do jeito do poeta
Descobri que o vento forte em seus caprichos
Também é feminino e revelador
De tanto brincar de ser poeta já não queria mais parar
Em tudo eu queria ver a alma, em tudo eu queria descobrir a vida, a poesia
Assim todo cheio de encantamento fui procurar um amigo antigo
Um negro lindo de barba branca que era de uma religião diferente da minha
Eu lhe contei de minha nova forma de brincar de ver o mundo
Do meu recém-conquistado olhar de poeta
E ele comovido me contou um pouco de sua religião
Que reconhece a beleza, a força e a poesia existente em todas as formas de vida
Me falou dos orixás:
De Iemanjá, a Senhora das águas do mar
De Iansã, aquela que não obedece a orixá masculino nenhum, que é livre e senhora das ventanias
Me falou de Oxóssi no coração das florestas
E de tantos outros...
Eu sou cristão e ele candomblecista
Que maravilha poder entender tudo o que ele me dizia
Compreender a beleza de sua religião e da minha
Meus olhos, tão cheios de poesia, agora viam toda a beleza
Podiam conversar com os olhos dele, olhos tão lindos!
Por um momento eu entendi
Que não importa o nome que nós damos para aquilo que é sagrado
O olhar que temos é o que importa
Se olho a partir da beleza encontro beleza
Se olho a partir do respeito, respeitarei
Se olho com...

> Que tal falar um pouco sobre o significado da palavra *candomblé*, de origem banto? Candomblé significa "dançar e cantar em louvor". Pode-se salientar que, enquanto a cultura religiosa negra foi calada durante muito tempo, perseguida e proibida, seus seguidores continuaram cantando e dançando em louvor de tudo aquilo que lhes era sagrado e, dessa maneira, resistiram. Sua religião continua viva e presente por conta dessa resistência.

CULTURAS & TRADIÇÕES

# Pais e mães de santo: proteção e amparo

**CULTURAS & TRADIÇÕES**

**Esta atividade auxilia o aluno a:**

• reconhecer as funções e papéis de mães e pais de santo no culto afro-brasileiro;
• perceber o valor das pessoas que se dedicam ao trabalho religioso.

**Conteúdo:**

• babalorixás e ialorixás.

**Você vai precisar de:**

• cartolina, lápis preto e de colorir, tesoura e cola, retroprojetor.

**Procedimento:**

• o professor apresenta o seguinte quadro aos alunos:

> **Funções e características dos orientadores espirituais das religiões afro-brasileiras**
>
> Homens e mulheres podem dedicar-se ao trabalho de sacerdotes em um terreiro, uma comunidade.
>
> Os homens são chamados de babalorixás e as mulheres de ialorixás; são os pais e as mães de santo.
>
> Os ritos religiosos são dirigidos por um babalorixá ou por uma ialorixá. Estes também organizam as oferendas e as consultas espirituais. Muitas vezes jogam búzios, um tipo de conchinhas do mar, em suas consultas.
>
> Os pais e mães de santo têm a função de cuidar dos membros da comunidade, aconselhando, trabalhando espiritualmente para o bem de todos, muitas vezes "puxando a orelha" dos seus quando necessário. Isto é, são sacerdotes que auxiliam as pessoas a encontrar uma vida mais feliz e harmoniosa.

• na sequência, apresenta em retroprojetor a imagem de um pai e de uma mãe de-santo. Os alunos observam detalhes de sua indumentária e adereços para então desenhar, em cartolina, um homem ou uma mulher, recortá-lo(a) e em seguida desenhar e recortar a vestimenta e os adereços.

• os alunos colam as roupas nas personagens e guardam o resultado em uma pasta – pois em cada tradição religiosa apresentada o professor poderá fazer o mesmo, construindo, no final, um varal no qual estarão expostos os líderes religiosos das diferentes tradições, cada um com vestimenta e adereços próprios.

Certa vez um sacerdote foi consultado por uma pessoa que reclamava de tudo e de todos, sempre se sentindo vítima – o que a levava a afastar-se dos outros – e cultivando um coração fechado e duro. O babalorixá disse-lhe então: "Filho, o que é mais importante para você: perdoar ou pedir perdão? Aquele que pede perdão mostra que crê no amor, e aquele que perdoa mostra que existe amor. Perdoar é um ato sublime, assim como pedir perdão. Os dois levam você a crescer como pessoa e a se levantar em meio à tristeza. Do mesmo modo, amar e ser amado são duas experiências muito importantes. Abrir a porta do coração e receber alguém significa amor, e abrir a porta do coração é o modo divino de amar. Pelo visto, meu filho, você se esqueceu desse caminho, tornou-se rancoroso e fechado para qualquer experiência de contato fraterno e amoroso. Pense nisso, meu filho; reveja suas posições, deixe de ser vítima e se torne ativo na construção de si mesmo e de sua experiência sagrada de vida."

# O mito do surgimento dos rios segundo a cultura africana

**Esta atividade auxilia o aluno a:**

• reconhecer a beleza dos mitos africanos;
• perceber que, em algumas culturas, o texto sagrado é transmitido de forma oral e que essa é mais uma maneira de preservar sua tradição religiosa.

**Conteúdo:**

• mito religioso.

**Você vai precisar de:**

• retroprojetor e transparências previamente preparadas.

**Procedimento:**

• preparar a apresentação do mito abaixo em transparências com ilustrações para exibir aos alunos.

### O NASCIMENTO DE UM RIO

Na África contou-se a seguinte história (escutem bem, meus amigos, nela há muita sabedoria). Muita gente acredita que a água brota da terra, mas não vê o que acontece antes disso. Preparem--se, que agora vou lhes contar tudo:

Primeiro o nosso Deus, Olorum, utilizando o calor do sol, aquece as águas dos lagos e dos oceanos. Então, o belo Oxumaré, com seu arco-íris, leva todo esse vapor que emana das águas aquecidas para as nuvens.

Xangô, com sua força, anuncia, por meio de seu trovão, que a impetuosa Iansã está juntando as nuvens com seu vento mágico, que ela faz surgir toda vez que balança suas saias.

Quando as nuvens estão todas arrumadas, Xangô lança sobre a terra o Edum-Ará, uma pedra de raio. Desse modo ele avisa à terra, conhecida como Odudua, que prepare seu ventre, pois a chuva virá em breve.

Agora a grande maravilha está para acontecer: a chuva cai, reunindo em si todas essas forças, e tão grandiosa e plena ela é, que alimenta a terra e todos os seus seres. Odudua acolhe toda a água da chuva, e então, em seu interior, se forma um enorme lago cheio de energia, cheio de axé.

O parto acontece e Odudua dá à luz o rio, Oxum, que, brotando de seu interior, desliza por toda a terra, nutrindo-a, refrescando-a e levando a todos os seres a possibilidade da vida.

Depois de certo tempo, tudo isso acontecerá novamente, e assim será por todos os tempos...

CULTURAS & TRADIÇÕES

*Olorum:* não é um orixá, mas, sim, a representação do criador de todas as coisas, o dono do céu, Orum, e criador da terra. Olorum é o Deus Pai criador de tudo e de todos.

*Orixás:* também conhecidos como "encantados", são a representação das forças da natureza. Apresentam características humanas, como sentimento, noção de tempo, vontade própria e atividade no mundo.

*Oxumaré:* orixá representado pelo arco-íris, é a própria mobilidade e senhor de tudo o que é alongado; até mesmo o cordão umbilical está sob seu controle. Representa também a riqueza, simboliza a continuidade das coisas e pode ser, ao mesmo tempo, macho e fêmea ou ainda viver seis meses como um, e seis meses como outro.

*Xangô:* é o orixá dos raios e trovões. Descrito como masculino, forte, justiceiro, costuma castigar os mentirosos, ladrões e malfeitores.

*Odudua:* é a própria terra divinizada.

*Oxum:* orixá feminino, é a senhora dos rios e cachoeiras.

# Conhecendo o hinduísmo

**CULTURAS & TRADIÇÕES**

**Esta atividade auxilia o aluno a:**
• compreender o hinduísmo e localizá-lo geograficamente.

**Conteúdo:**
• hinduísmo.

**Você vai precisar de:**
• mapa-múndi;
• um filme que mostre cenas da Índia – por exemplo o filme *Lagaan: era uma vez na Índia* –, encontrado em diversas locadoras;
• CD de música suave e instrumental.

**Procedimento:**
• localizar, em um grande mapa-múndi, a Índia, mostrando a distância entre esse país e o Brasil.
• se possível, exibir um trecho de filme com cenas da Índia, para que os alunos possam perceber um pouco da cultura indiana.
• mais tarde, apresentar o hinduísmo com base no significado do termo. *Hindu* significa "aquele ou aquela que procura viver longe da violência". Portanto, para os seguidores dessa religião, toda a vida tem valor e não deve ser menosprezada ou maltratada. Os hinduístas procuram basear sua vida na não-violência e nas práticas religiosas que os auxiliem a encontrar a libertação, o estado de perfeição e de fusão com o divino. Muitos hinduístas praticam a meditação, buscando, por meio do silêncio interior, conhecer a verdadeira essência de suas almas e existências.
• em seguida, fazer o seguinte questionamento: Que tal agora experimentar um pouco do silêncio interior e perceber, desse modo, um pouquinho mais de nós mesmos?
• neste momento, pedir que todos os alunos se sentem com coluna ereta, membros soltos e mãos sobre as pernas, enquanto se põe para tocar, ao fundo, uma música muito tranquila, apenas instrumental. Pode-se marcar no relógio o tempo: três minutos já são o suficiente para iniciar um momento de interiorização.
• durante todo o processo, o professor estimula os alunos a prestar atenção nas sensações corporais (calor, frio, dor, relaxamento, coceira, aperto,

movimentos...), nos sentimentos presentes neles naquele momento (amor, raiva, inquietação, paz...), e também a observar seus pensamentos, como se a mente fosse uma tela de cinema na qual as imagens aparecem e desaparecem e eles fossem apenas observadores de si mesmos.

- terminada a experiência, pedir que cada um expresse por escrito, em uma folha de papel, o que sentiu, percebeu, enfim, como foi para si ficar em silêncio por três minutos consigo mesmo.
- as folhas são recolhidas, e então o professor pode distribuí-las aleatoriamente para que um aluno possa ler a experiência do outro.
- é preciso explicar que os alunos não estão fazendo nenhuma prática religiosa, mas, sim, experimentando um pouco do que seja a preparação para uma meditação.

---

**1) Algumas das crenças dos hinduístas**

- A possibilidade de alcançar a libertação por meio de práticas e rituais específicos.
- A existência da reencarnação, ou seja, a possibilidade de, depois da morte, poder voltar à vida neste planeta em outro corpo.
- Todos os seres são divinos e devem ser respeitados.
- Banhar-se no Rio Ganges significa estar em contato direto com as forças divinas.
- Um seguidor do hinduísmo deve ser verdadeiro, disciplinado e pacífico.

**2) Para saber um pouco mais sobre o hinduísmo**

O hinduísmo, que recebeu essa denominação dos europeus, é um conjunto de religiões que surgiram na Índia. Não há como precisar ao certo a data de seu nascimento, mas algumas estimativas apontam para cerca de 4 mil anos antes de Cristo. Nele teremos uma profusão de mitos e crenças, bem como de rituais. No Ocidente, ficou conhecido como a religião que apresenta três deuses: Brahma, Vishnu e Shiva, porém existem muitos outros e até mesmo deusas. Ainda assim, para os hinduístas há apenas um princípio criador, cujo nome é *brahman*, do qual emergem todos os outros deuses.

O hinduísmo apresenta vários caminhos para a pessoa atingir a libertação:

- o caminho da devoção – a um deus pessoal;
- o caminho do conhecimento – estudo e aprendizado, sob a orientação de um guru;
- o caminho das boas ações – agir desinteressadamente, sem nenhuma intenção de obter recompensa para si mesmo;
- o caminho da ioga – ioga e meditação.

---

# Deus Shiva no hinduísmo

**CULTURAS & TRADIÇÕES**

**Esta atividade auxilia o aluno a:**
- entrar em contato com a mitologia hinduísta;
- conhecer o nome de três importantes deuses hinduístas;
- conhecer melhor o significado do Deus Dançarino.

**Conteúdo:**
- aspectos divinos de Shiva.

**Você vai precisar de:**
- uma imagem ampliada do Deus Shiva, que pode ser preparada em transparência.

**Procedimento:**
- mostrar uma figura do Deus Shiva conforme a imagem abaixo.

- o professor esclarece que ele representa um Deus muito importante para o hinduísmo: Shiva, o Deus que dança e também aquele que destrói para possibilitar o surgimento de vida nova.
- explica que a dança de Shiva representa, ao mesmo tempo, essa ideia da criação e da destruição. Argumenta que, na dança, para que um movimento venha a existir, o movimento anterior precisa morrer; essa é a ordenação rítmica da própria vida.

- Shiva dança dentro de um círculo de fogo, que representa o próprio círculo do tempo, em constante transformação. Ele dança pisando sobre uma figura que representa a ignorância.
- para os hinduístas, existem danças que são sagradas. Segundo o mito, foram ensinadas aos seres humanos pelo próprio Shiva. Nesse contexto, quando o bailarino dança, ele e toda a plateia buscam um estado elevado de consciência pela contemplação da beleza dos gestos que evoca a própria divindade.
- neste ponto, o professor apresenta mais dois deuses, também muito importantes no hinduísmo. São eles: Brahma, o criador, e Vishnu, o conservador.

Brahma, o criador do universo, é muitas vezes representado com quatro cabeças. Segundo um mito, ele tinha apenas uma cabeça, mas, depois de cortar uma parte do próprio corpo para criar a mulher, acaba apaixonando-se por ela, que, envergonhada, tentava fugir dos olhares de seu criador. A mulher então se moveu para a direita e, ao segui-la com o olhar, ele ganhou uma cabeça sobre o ombro direito. O mesmo ocorreu quando olhou para a esquerda e para trás. Diz o mito que, da união de Brahma com essa mulher, nasceu o pai de todos os seres humanos. Vishnu, o preservador, é geralmente representado flutuando sobre ondas nas costas de uma serpente ou ainda flutuando sobre as ondas e mostrando seus quatro braços. Em cada mão ele mostra um de seus atributos divinos: uma concha, uma flor de lótus, um cajado e um disco de energia. A concha contém os cinco elementos: ar, fogo, água, terra e éter. A flor de lótus é o símbolo do desabrochar para a verdade, saindo do lodo ou da ilusão a fim de abrir-se para a luz. O cajado representa a força que gera outros tipos de força física e mental. O disco ou roda de energia representa tanto uma arma utilizada para cortar a cabeça dos demônios como o controle sobre si mesmo.

# Um mito sobre a criação do mundo segundo o hinduísmo

**CULTURAS & TRADIÇÕES**

**Esta atividade auxilia o aluno a:**

• compreender alguns elementos importantes da mitologia religiosa hinduísta.

**Conteúdo:**

• mito de criação.

**Você vai precisar de:**

• caderno de desenho, lápis preto e colorido.

**Procedimento:**

• o professor conta aos alunos o mito de criação hinduísta abaixo relatado e depois organiza com eles, em seu caderno de desenho, um pequeno livro ilustrado. Para produzi-lo, o aluno deverá, no alto de cada página, escrever uma frase do mito e ilustrá-lo. Assim, utilizando algumas páginas, o aluno terá escrito e ilustrado todo o mito.

• antes disso, é bom explicar que o hinduísmo é um conjunto de religiões, um fenômeno bastante complexo que conta com diferentes representações, mitos e interpretações para seus textos religiosos.

## UM MITO DE CRIAÇÃO HINDUÍSTA

Para os hinduístas, o mundo é criado e destruído em ciclos, em períodos. Depois que o universo é destruído por Shiva e volta ao estado de repouso e inexistência, Brahma prepara-se para criar o próximo universo. Então ele aparece montado numa bela flor de lótus, que brota de dentro do umbigo de Vishnu, e assim recria todo o universo.

Isso significa que, quando Brahma voltar a dormir, o universo acabará novamente e, quando ele acordar, todo o processo de criação será realizado mais uma vez.

Vemos, nesse mito, que os três deuses trabalham juntos na criação, manutenção e destruição do universo criado e recriado incessantemente. Por isso alguns estudiosos afirmam que cada um desses deuses simboliza um dos aspectos da totalidade, conhecida como princípio, ou seja, brahman.

Percebemos, dessa maneira, por que o hinduísmo é considerado monoteísta: porque a diversidade de deuses surge de uma mesma emanação criadora.

Seria interessante falar aos alunos sobre a ioga, uma disciplina física e mental muito antiga que teve origem na Índia, no contexto religioso do hinduísmo, e hoje se espalhou por todo o mundo em consequência dos benefícios que esses movimentos físicos proporcionam à saúde de seus praticantes.

A ioga surgiu com o objetivo de ser um caminho que torna possível a evolução espiritual das pessoas por meio de posições que exigem concentração mental e respiração adequada. As posturas, além de seus efeitos para a saúde do corpo, auxiliam no relaxamento, no equilíbrio emocional e na capacidade de concentração.

# Buda é um Deus?

**Esta atividade auxilia o aluno a:**

• conhecer a história da principal personagem do budismo;
• reconhecer elementos que alicerçam a filosofia budista.

**Conteúdo:**

• a história do budismo.

**Você vai precisar de:**

• papel e caneta, cartazes, adereços e cenário para a dramatização.

**Procedimento:**

• combinar com os alunos a encenação da história do budismo segundo a experiência de Sidarta Gautama, o Buda. Para isso, fornecer-lhes informações prévias e ainda sugerir que assistam ao filme *O pequeno Buda*.

• o tema da apresentação teatral será o mesmo para todos, mas certamente a abordagem de cada grupo será diferente. Ao término das apresentações, cada um poderá escrever um texto contando a história de Sidarta Gautama, o Buda.

• o professor pode complementar esse estudo, refletindo com os alunos acerca das chamadas nobres verdades que um budista busca experienciar em sua trajetória espiritual.

• sugere-se que o professor transcreva em cartolinas essas verdades, quatro ao todo.

### AS QUATRO NOBRES VERDADES

A nobre verdade do sofrimento. A sabedoria pode dissolver a ignorância da mente, geradora de sofrimento.

A nobre verdade da origem do sofrimento, o desejo, que nunca se satisfaz e gera somente mais desejo e sofrimento.

A nobre verdade do fim do sofrimento, que significa libertar-se da ilusão que os sentidos geram. Aquilo que percebemos com os cinco sentidos ainda é ilusão.

A nobre verdade do caminho que conduz à cessação do sofrimento. Há um conjunto de práticas que permitem ao budista reconhecer a verdadeira natureza da mente em relação com os sentidos, libertando-se dos condicionamentos e, desse modo, eliminando a insatisfação em sua origem.

Convém considerar o fato de que Buda não é um Deus para os budistas, mas, sim, um estado que se deseja alcançar, um estado livre de ignorância e de apegos conhecido como estado búdico. Para atingi-lo, é preciso compreender as quatro nobres verdades e trilhar o caminho do meio.

Foi esse o estado que o príncipe chamado Sidarta Gautama atingiu. Ao fazê-lo, ele deixou de ser Sidarta para tornar-se um iluminado, um Buda.

O budismo surgiu no norte da Índia, atual Nepal, entre os séculos VI e V a.C. É um sistema religioso e filosófico que surgiu no interior do hinduísmo e se diferenciou dele em alguns aspectos importantes.

Sidarta Gautama foi a personagem que marcou o surgimento do budismo. Ele era um príncipe que, após ter entrado em contato com o sofrimento, a doença, a miséria e a morte, buscou incessantemente respostas para essas experiências humanas. Sentir-se perturbado em face delas levou-o a um caminho de profunda espiritualidade. Segundo a história, um dia ele se tornou um Buda, um iluminado, e compreendeu a essência da natureza dos fatos da vida. Compreendeu que tudo é impermanente e que os seres humanos ficam enredados em um mundo ilusório, estando então sujeitos a nascer e morrer em ciclos até que, por fim, possam atingir a libertação final por meio da iluminação. Um Buda é aquele que venceu os obstáculos da mente, superou o mundo das ilusões e está liberto de novos renascimentos e mortes.

O budismo ensina a compaixão por todos os seres, ensina a praticar virtudes e respeitar todas as formas de vida.

# Quando o budismo fica zen

CULTURAS & TRADIÇÕES

**Esta atividade auxilia o aluno a:**
• compreender que o budismo se ramifica em diferentes tipos;
• identificar elementos básicos que constituem o zen-budismo.

**Conteúdo:**
• Zen-budismo.

**Você vai precisar de:**
• mapa, música japonesa, quadro de giz ou de outro tipo.

**Procedimento:**
• novamente com o auxílio do mapa, identificar onde fica o Japão. Neste momento, o professor pode pôr para tocar uma música japonesa de fundo.
• o professor explica aos alunos que o budismo nascido na Índia foi levado para outros países, entre os quais o Japão, onde ficou conhecido como *budismo zen*. Os zen-budistas acreditam que todas as pessoas possuem uma natureza búdica e que, para chegar a ela, é preciso apenas descobri-la por meio da prática constante da meditação.
• explicar que o zen-budismo não se baseia em crenças, dogmas ou fé, mas, sim, na experiência interna e direta da "iluminação", que significa uma experiência de totalidade altamente transformadora.
• contar a história de que o zen começou na Índia quando Buda Shakyamuni, em palestra no alto da montanha, sorrindo, elevou o braço, segurando apenas uma flor dourada. Todos ficaram extremamente quietos, ninguém se arriscava a dizer nada, até que um discípulo conhecido por Mahakashyapa, famoso por sua cara fechada, lhe devolveu um sorriso. Buda então anunciou que a verdade havia sido compreendida por aquele discípulo.
• dizer que, depois disso, durante muitas gerações, essa experiência do budismo, centrada na compreensão imediata e transformadora, foi sendo levada para outros países e chegou ao Japão durante o período Kamakura (1185-1333), ficando então conhecida como zen-budismo.

- esclarecer que, no Brasil, o zen-budismo chegou na década de 30 do século XX, trazido pelos primeiros imigrantes chineses, japoneses e coreanos.
- explicar que a prática principal do zen-budismo consiste em sentar e silenciar, ficar um tempo consigo mesmo. Essa meditação não tem objetivos, não há vontade de controlar nada, apenas perceber-se profundamente, estar consigo plenamente. É importante sentir tudo!
- chamar a atenção para o fato de que a mente não para quieta, mas produz constantemente imagens e pensamentos. Então *zazen* (postura própria para meditação) é não pensar.
- propor que os alunos fiquem sentados com a coluna ereta e, por dois minutos, tentem sentir o corpo e a respiração e não pensar em nada. O professor pode marcar no relógio o tempo, e ao término, se a observação de si mesmo for bem-feita, todos perceberão que a mente não quer calar, que pensamentos e imagens surgem o tempo todo. Dessa maneira poderão entender que praticar o *zazen* não é tão simples como parecia.

Alguns seguidores do zen-budismo cultivam o sentimento de que ninguém no mundo existe por si só, mas todos estão conectados. Por isso, pensam que ninguém pode viver inteiramente sozinho e que até a natureza é uma companhia. Desenvolvem, portanto, profunda gratidão aos pais, mestres, amigos, água, animais, árvores, pedras, mares, montanhas, amigos, conhecidos e desconhecidos, pois sabem que todos os ajudam a viver em harmonia. (Sugerir que os alunos comentem este texto.)

# O que é o taoísmo?

**CULTURAS & TRADIÇÕES**

**Esta atividade auxilia o aluno a:**
• compreender o significado da religião chinesa conhecida como taoísmo;
• conhecer alguns pensamentos taoístas.

**Conteúdo:**
• taoísmo.

**Você vai precisar de:**
• papel, tinta guache, lápis e varetas para fazer a moldura.

**Procedimento:**
• apresentar o taoísmo como uma religião muito antiga que nasceu na China. A palavra *Tao* significa "caminho". Desse modo, o taoísmo é um caminho, uma "ordem na qual as coisas acontecem", o profundo conhecimento das leis naturais. Importantes ensinamentos do taoísmo estão no livro intitulado *Tao Te King*, escrito por Lao-Tzu.
• colar, no quadro ou no varal didático, pensamentos extraídos do livro de Lao-Tzu para que os alunos escolham aqueles de que mais gostarem e pintem um quadro inspirados no texto escolhido.
• os alunos escolhem o pensamento, escrevem-no em uma parte do papel a ser pintado e então começam a expressar, por meio de formas e cores, os sentimentos despertados por aquelas palavras.
• aproveitando os trabalhos dos alunos, o professor pode conduzir a reflexão para as produções de arte sacra que existem em praticamente todas as religiões.

PENSAMENTOS

"O Tao que pode ser pronunciado não é o Tao eterno.
O nome que pode ser proferido não é o Nome eterno."

"O fácil e o difícil se complementam.
O longo e o curto se definem um ao outro.
O alto e o baixo convivem um com o outro.
A voz e o som casam-se um com o outro.
O antes e o depois se seguem mutuamente."

"O espírito do vale não morre nunca;
ele é a mulher misteriosa.
A porta da mulher misteriosa
é a raiz do Céu e da Terra.
Ininterrupta, assim como perpétua,
ela age sem esforço."

"O maior bem é como a água.
A virtude da água está em beneficiar todos os seres sem conflito."

"Retornar à raiz significa serenidade.
Serenidade significa voltar ao destino.
Voltar ao destino significa eternidade."

"Poupem as palavras,
e tudo andará por si mesmo.
Um ciclone não dura a manhã inteira.
Um aguaceiro não dura todo o dia.
E quem os produz?
O Céu e a Terra.
Se o Céu e a Terra nada podem fazer de durável,
muito menos o pode o ser humano." (*Tao Te King*)

---

O taoísmo, a princípio, era uma escola de filosofia chinesa que abordava o complexo conceito de Tao, muitas vezes traduzido como "caminho". Lao-Tzu, cujos ensinamentos teriam dado início a essa doutrina e a quem a escritura do livro Tao Te King é atribuída, possivelmente viveu no século VI a.C. O taoísmo tornar-se-á religioso, porém, bem mais tarde, na dinastia Han, no século II. Ele, como as outras religiões, sofreu subdivisões. Uma de suas ramificações compreende a prática vegetariana e a austeridade, a fim de alcançar a imortalidade; outra envolve viver perto de familiares e comer carne.

Há muitos deuses venerados pelos taoístas, e muitos de seus templos são construídos em montanhas, onde, conforme o mito, teriam nascido seres celestiais que se transformaram em imortais.

# O surgimento do islamismo no mundo

**Esta atividade auxilia o aluno a:**
- compreender o surgimento da religião islâmica;
- conhecer o local de oração dos islamitas.

**Conteúdo:**
- religião islâmica.

**Você vai precisar de:**
- papel e lápis preto e de colorir.

**Procedimento:**
- o professor conta a história do surgimento do islamismo aos alunos (abaixo), como introdução ao trabalho.
- após essa apresentação histórica, pede-lhes que pesquisem imagens de mesquitas e façam um desenho detalhado de uma mesquita, para ser mais tarde exposto em mural didático.

### SURGIMENTO DO ISLAMISMO

O *adepto* ou *muçulmano* é "alguém que se submete a Deus" (Alá), ou seja, se entrega incondicionalmente à vontade divina. O profeta Mohamed (Maomé) foi apenas o canal para essa revelação.

Antes de Mohamed, o povo árabe estava dividido em várias tribos e grupos, muitas vezes rivais, vivendo numa região desértica. Cada tribo tinha seus costumes e líderes. Essa época é chamada de Jahilia (ignorância), pois o povo guerreava muito. Mohamed nasceu em Meca provavelmente no ano 571 d.C. Era um pobre condutor de caravanas que se casou com uma viúva rica, mais velha do que ele 15 anos. Muito religioso, quando estava rezando certa vez no monte Herat, em seu recolhimento espiritual, recebeu a visita do anjo Gabriel, que lhe deu uma missão importante. O anjo apareceu-lhe enquanto dormia e mostrou-lhe uma peça de brocado sob o qual tinha algo escrito. O anjo disse que ele deveria recitar o nome do Senhor, do Deus único.

Desde então, o anjo Gabriel apareceu-lhe continuamente e passou a ditar-lhe o Corão.

Dessa maneira Mohamed tornou-se um dos profetas de Alá. Ele, a princípio, ficou muito perturbado, pois não queria passar por um dos muitos loucos que pregavam pelas ruas, provocando a zombaria do povo. Sua mulher, porém, consultou um árabe convertido ao cristianismo, que lhe assegurou que o marido fora escolhido por Deus para ser o profeta dos árabes.

Mohamed aceitou esse destino e começou a pregar a seus parentes e conterrâneos

CULTURAS & TRADIÇÕES

a existência de um Deus único, ameaçando com o fogo do inferno a todos os que cometiam injustiças e levavam uma vida dissoluta. Seus primeiros discípulos foram a mulher, os filhos, um sobrinho e um escravo.

Chegou o momento em que seus próprios partidários o aconselharam a retirar-se de Meca, para não ser assassinado. Retirou-se então para Medina, onde foi bem recebido porque ajudou o povo numa contenda entre os principais clãs da cidade. Nessa cidade fundou sua comunidade religiosa e fez todo um trabalho político e de ataques que lhe garantiu a reunião das tribos locais. Ao morrer, tinha reunido em torno de sua pessoa todas as tribos da região.

Mohamed considerava-se um profeta na linha de Adão, Abraão, Moisés e Jesus, pois pregava o mesmo Deus solitário, transcendente e soberano. Como não sabia ler, não pôde confrontar essa sua pregação com a fé da Bíblia e dos Evangelhos.

O Alcorão (Corão) é o livro sagrado dos muçulmanos, no qual estão contidas as regras morais e sociais, bem como as leis que devem reger o Estado.

Islã significa "submissão"; não submissão a tudo, mas a Deus e a seu decreto divino. Os cinco pilares do islamismo são:

- o testemunho da unicidade de Deus e da profecia de Mohamed;
- a oração ritual;
- o imposto social;
- o jejum no mês de Ramadã;
- a peregrinação a Meca.

O islamismo é uma das religiões que mais crescem no mundo. Tal fato deve-se, entre outros motivos, à sua firmeza em afirmar princípios de fé. Para os muçulmanos, os deveres vêm antes dos direitos.

Uma mesquita é uma belíssima construção arquitetônica na qual os islamitas entram a fim de realizar suas orações ritualísticas. A mesquita, então, é o local de culto para os seguidores do islamismo. Nela os muçulmanos adotam a postura de prostração do corpo para mostrar sua completa submissão a Alá.

# Homens e mulheres no mundo religioso

CULTURAS & TRADIÇÕES

**Esta atividade auxilia o aluno a:**

• perceber que homens e mulheres ocupam posições diferentes ou iguais no ambiente religioso;
• refletir sobre o espaço destinado aos homens e mulheres nas diferentes religiões.

**Conteúdo:**

• masculino e feminino no universo das religiões.

**Você vai precisar de:**

• caderno e caneta.

**Procedimento:**

- pedir que os alunos escrevam no caderno características que eles acham ser femininas e características que presumem ser masculinas. Isso poderá ser feito em duas colunas.
- a seguir, iniciar um diálogo com os alunos, traçando no quadro duas grandes colunas em que vão sendo escritas as características dos dois gêneros.
- depois dessa conversa, pedir que os alunos pesquisem, em sua tradição religiosa, quais são os papéis femininos e masculinos desempenhados por homens e mulheres.
- concluída a pesquisa, apresentarão os resultados em sala de aula.
- com base nos resultados, o professor pede que os alunos pesquisem o nome e a história de alguma deusa, procurando essa informação em diferentes tradições religiosas, como as religiões gregas, egípcias, celtas, indígenas, africanas etc.

> Você sabia da existência de um mito indígena que afirma que, no princípio, não havia nada e então a mulher se fez por si mesma e a partir dela se fizeram todas as coisas?

# As religiões do sagrado feminino

**Esta atividade auxilia o aluno a:**
- compreender o sagrado manifesto pela imagem simbólica do feminino;
- identificar aspectos das religiões de culto ao feminino.

**Conteúdo:**
- Wicca, a religião da Deusa.

**Você vai precisar de:**
- transparências com imagens diversas e retroprojetor.

**Procedimento:**
- o professor elabora imagens em transparências de algumas figuras femininas importantes na história das religiões. (Seguem abaixo algumas imagens que poderá utilizar.)
- ao exibi-las, conta aos alunos a história dessas figuras.

Acredita-se que no período mais antigo da humanidade, o Paleolítico, os seres humanos viam a divindade como um ser feminino, representado por estatuetas chamadas mais tarde de deusas, com ventres e seios generosos, enfatizando o poder de criar vida nova em seu corpo. Dizem que a religião de Wicca, ou seja, do culto ao princípio criador feminino, começou nesse período.

Na Grécia antiga, muitas deusas eram vistas com deuses masculinos, ambos possuindo atributos e poderes. No caso da imagem ao lado, temos Ártemis, a deusa das florestas, protetora dos animais. Também é conhecida como a deusa que auxilia os partos, pois, ao ser dada à luz antes de seu irmão gêmeo, auxiliou no nascimento dele. Considerada a mais pura das deusas, recebeu um arco-e-flecha de prata de seu pai, Zeus, e uma lira de prata do irmão, Apolo.

CULTURAS & TRADIÇÕES

Temos aqui a imagem de um rio sagrado na Índia, o Ganges, que, para os hinduístas, é a própria deusa Ganga. Segundo a tradição, esse rio é feminino e é chamado de mãe Ganga ou mãe Divina. Ela faz a ponte entre o céu e a terra. Acredita-se que sua origem está no mundo divino e se estende pela terra, abençoando a todos os que se banham em suas águas.

Atualmente, no mundo todo, surgem seguidores da antiga religião do feminino, Wicca. São os seguidores da Deusa, muitas vezes representada pela lua. O escritor Paulo Coelho é um dos divulgadores do culto à Deusa no Ocidente. Os seguidores da religião da velha Mãe acreditam que as mulheres são portadoras de um princípio sagrado, que seus corpos são divinos, que também os homens são portadores do sagrado e ambos, juntos, realizam a totalidade da vida.

Rumamos historicamente do respeito à mulher sacerdotisa ao medo de seus poderes biológicos e psíquicos. A divinização do corpo feminino, do eros e da terra cedeu lugar à "diabolização", à segregação e à exploração das mulheres, da sexualidade, da terra e de todos os seres que a habitam. A história da humanidade transcorre em um jogo de polaridades, no qual poderes femininos e masculinos se contrapõem, expresso pelas tradições religiosas por meio da divisão não-igualitária de papéis e de conflitos complexos.
Esse cenário de disparidades traçou, no decorrer da história, diferentes caminhos que, ao ser contemplados, podem sugerir importante reflexão acerca do papel do sagrado feminino nas diferentes estruturações religiosas. Eles podem também indicar o entendimento que essas estruturações têm sobre o princípio feminino e o princípio masculino, como unidades condicionantes para a criação da vida na terra e expressões do sagrado no interior e exterior dos templos, por meio dos mitos que, por vezes, deixam transparecer esse imbricado jogo de polaridades, transformado em jugo de uma porção sobre a outra.

# A magia dos sons nos cantos sagrados

**Esta atividade auxilia o aluno a:**
- perceber a relação entre a arte da música e a espiritualidade;
- reconhecer a importância dos cantos nos rituais religiosos.

**Conteúdo:**
- cantos sagrados.

**Você vai precisar de:**
- CDs com músicas religiosas de diferentes tradições do mundo e um CD de MPB.

**Procedimento:**
- pedir que a turma feche os olhos e então conduzir um pequeno relaxamento, que pode ser feito pausadamente da seguinte forma: "Vamos todos fechar os olhos e deitar a cabeça sobre os braços. Agora, vamos respirando lenta e conscientemente até que sintamos todo o nosso corpo solto e tranquilo. Deixe que a música de que você mais gosta comece a soar dentro de sua cabeça. Sinta a melodia, o ritmo, e também preste atenção na letra. Enquanto segue a melodia, que soa internamente, perceba como seus sentimentos respondem a ela."
- ficar em silêncio por um minuto, deixando que os alunos vivenciem toda a experiência.
- após esse tempo, pôr para tocar uma música que tenha um texto bonito.
- ao seu término, pedir que os alunos abram os olhos e contem qual foi a música que eles imaginaram e, depois, como se sentiram ao ouvir a música posta para tocar.
- nesse momento, pode-se enfatizar o poder da música em despertar sentimentos diversos nas pessoas.
- convidar os alunos a lembrar as músicas que tocam nos lugares de culto: igrejas, templos, mesquitas, sinagogas etc.
- pedir que cantem um trecho da música de sua igreja ou comunidade religiosa, enquanto o professor anota no quadro as palavras-chave da canção.
- após o término dos cantos, ler para os alunos as palavras fortes sem distinguir de qual canção vieram, apenas salientando a importância das mensagens.

- ressaltar que não é só a mensagem que importa em uma canção; também importa cantar, pois o canto favorece uma respiração mais profunda, que causa ao corpo sensação de bem-estar, e o ritmo igualmente influencia nosso estado emocional, dando fluxo e sequência a nossos pensamentos.
- seria interessante selecionar alguns cantos religiosos para mostrar a relação direta entre a prática religiosa e os cantos sagrados. Poder-se-ia mostrar um exemplo de mantra budista ou hinduísta, uma música do cristianismo, como um hino evangélico ou a famosa Ave Maria de Gounod, utilizada no contexto do catolicismo, um canto indígena, um canto de orixá etc.

> O ditado popular diz: "Quem canta seus males espanta." Muitas tradições religiosas acreditam no poder mágico dos cantos, entoando-os para afastar maus espíritos, para fazer a limpeza de um ambiente e para a cura de doenças. A seguir, pequenos fragmentos de textos de alguns cantos sagrados:
> - "Oh, meu guru Buda, mestre de si mesmo." (budismo)
> - "Nós marchamos na luz de Deus." (canto africano)
> - "Plantação, corpo de nosso divino pai." (canto guarani)
> - "Dá-nos a paz, Senhor." (canto cristão)

# O significado da morte no contexto religioso

CULTURAS & TRADIÇÕES

**Esta atividade auxilia o aluno a:**

• reconhecer que a morte assume uma dimensão transcendente no contexto das religiões.

**Conteúdo:**

• a morte.

**Você vai precisar de:**

• papel e caneta.

**Procedimento:**

• pedir que os alunos expressem verbalmente qual é a ideia deles a respeito da vida após a morte, propondo-lhes as seguintes perguntas: O que acontece conosco após a morte? O que afirma sua religião?
• em seguida, pedir que leiam o seguinte poema:

"Não vá até o meu túmulo chorar:
eu não estou lá. Não estou dormindo.
Sou mil ventos que sopram.
Sou o reflexo do diamante na neve.
Sou a luz do sol no grão maduro.
Sou a suave chuva de outono.

Quando você acorda no silêncio do amanhecer,
sou o movimento do despertar
dos pássaros silenciosos voando em círculo.
Sou as estrelas delicadas que brilham à noite.
Não vá chorar em meu túmulo;
não estarei lá. Eu não morri." (Kapleau, 1989)

- explicar que esse poema foi escrito por uma pessoa muito religiosa, cuja crença estava fundamentada no zen-budismo. Essa pessoa acreditava que a morte não existia e aponta para uma transformação constante da vida.
- propor uma pesquisa mais profunda sobre o que a tradição religiosa de cada aluno diz a respeito da morte. Para tanto, elaborar com os alunos um roteiro de entrevista com as principais perguntas que a classe deseja fazer sobre a crença na vida além da morte.
- cada um entrevistará seu padre, pastor, guru, pai de santo, rabino etc. e depois trará as respostas, que serão compartilhadas com toda a classe.
- aquele que não possui religião poderá escolher alguma e realizar a entrevista com qualquer líder religioso de sua preferência.

> As diferentes religiões do mundo afirmam a continuidade da vida após a morte. Para algumas, a crença baseia-se na reencarnação; para outras, na ressurreição ou ainda na ancestralidade. Mas há também a negação da vida após a morte, que, para os ateus, seria o nada.

# As diferentes respostas para a vida após a morte

**CULTURAS & TRADIÇÕES**

**Esta atividade auxilia o aluno a:**
- compreender os conceitos de reencarnação, ressurreição, ancestralidade e nada;
- identificar algumas crenças na vida além-morte, relacionando-as às religiões.

**Conteúdo:**
- reencarnação, ressurreição, ancestralidade e nada.

**Você vai precisar de:**
- dicionário, papel e caneta;
- imagens de cultos aos ancestrais.

**Procedimento:**
- o professor distribui dicionários à classe e escreve no quadro as seguintes palavras: reencarnação e ressurreição. Pede que os alunos descubram o significado desses termos.
- concluída a pesquisa, distribui-lhes uma folha de papel com a palavra reencarnação de um lado e ressurreição de outro. Pede que façam desenhos para explicar o sentido das palavras.
- a seguir, os desenhos são apresentados e o conceito de ressurreição e reencarnação é aprofundado com a ajuda do professor. (Ressurreição: ato de voltar a viver, porém não neste mundo material, mas, sim, em um mundo espiritual. / Reencarnação: ato de voltar a viver, porém nascendo em outro corpo. O espírito retorna, em outro corpo, a este mesmo mundo em que antes já havia vivido.)
- para auxiliar na compreensão da ancestralidade por parte dos alunos, o professor pode trazer imagens de cultos japoneses, africanos, indígenas etc. voltados aos ancestrais e ressaltar que, nessa crença, os ancestrais, após a morte, continuam ligados à comunidade e à família, ajudando as pessoas e protegendo-as.
- para apresentar o conceito de negação da vida após a morte, pode explicar que algumas pessoas no mundo não acreditam na existência de Deus, Deusa ou deuses, mas entendem que a realidade da vida é tudo o que há e, além dela, após a morte, advém o nada, ou seja, a ausência.

- por fim, levanta com os alunos exemplos de grupos religiosos cuja crença tem relação com um dos seguintes conceitos: reencarnação (espíritas, hinduístas, budistas...), ressurreição (católicos, evangélicos...) e ancestralidade (xintoísmo...).

> A vida e a morte são realidades em movimento. Ninguém vive sua vida sem viver sua morte, e ninguém vive sua morte sem ter vivido sua vida.
>
> Essas realidades comunicam-se o tempo todo. Se olharmos para nossa própria história de vida, vamos ver muita coisa que já deixou de existir, "mortes" que tornaram possível a vida nova surgir – por exemplo, o fim da criança que fomos dando lugar ao jovem que somos.
>
> Mas, apesar de convivermos diariamente com esse movimento de fim e de começo, há um tipo diferente de morte, aquele no qual deixamos definitivamente este corpo e esta forma de viver com a qual estamos tão habituados. Para onde vamos então? Essa pergunta sempre acompanhou o ser humano e encontrou resposta no universo das religiões.
>
> As religiões do mundo organizam-se a fim de conduzir a vida de seus seguidores conforme a crença na vida além da morte.
>
> As alternativas variam conforme a crença religiosa: alguns acreditam na reencarnação; outros, na ressurreição ou na ancestralidade.
>
> Mas também há os que acreditam que, após a morte, tudo acaba.
>
> Convém lembrar sempre que acreditar ou não em vida após a morte, possuir ou não uma crença religiosa, é direito de cada cidadão e cidadã, cujas escolhas devem ser respeitadas por todos a fim de que possamos viver de tal maneira, que nossas ações venham a solidificar a possibilidade de criarmos culturas de paz, condição básica para a sustentabilidade da vida no planeta.

# As pessoas e suas espiritualidades

**Esta atividade auxilia o aluno a:**

• reconhecer qual é a importância das espiritualidades no contexto das religiões e na vida das pessoas.

**Conteúdo:**

• as espiritualidades utilizadas para estabelecer uma conexão entre as pessoas e a instância do sagrado.

**Você vai precisar de:**

• folhas com o texto "As pessoas e suas espiritualidades" e folhas em branco;
• lápis e borracha.

**Procedimento:**

• os alunos recebem um texto poético para ler e uma folha em branco para que cada um escreva uma poesia sobre o assunto.

## AS PESSOAS E SUAS ESPIRITUALIDADES

Muita gente no mundo possui uma crença religiosa.
Nela aprendem a desenvolver suas espiritualidades,
que as põem em conexão com o mundo espiritual,
com seu Deus, Guru, Orixá...
São muitos os lugares onde isso se dá.
Algumas vezes é no meio da mata;
outras vezes no interior de um templo,
no meio de um rio sagrado,
numa esquina qualquer
ou ainda no silêncio de sua casa.
Essas práticas trazem paz,
aproximam as pessoas de seres divinos.
São a expressão de seus sentimentos.
São o modo de manifestar seu amor e sua devoção,
cada um do seu jeito,
cada um com seu afeto,
mas todos buscando
a integração, a harmonia, a ternura
e a coragem para viver!

As espiritualidades têm a função de realizar a conexão entre a pessoa e o mundo divino. Por meio delas, os indivíduos fortalecem-se, dão fluxo a seus sentimentos, elaboram respostas que as ajudam a viver melhor.

# As construções do sagrado

**Esta atividade auxilia o aluno a:**

• compreender a função dos lugares sagrados e suas diferentes modalidades.

**Conteúdo:**

• lugares sagrados construídos pelas pessoas.

**Você vai precisar de:**

• papel grande, lápis e borracha.

**Procedimento:**

• tendo em conta o texto "Lugares sagrados", sugerir que os alunos construam um mapa de seu percurso de casa até a escola. Nesse mapa, vão identificar construções do sagrado como igrejas, cemitérios etc.

• a turma pode compartilhar os mapas produzidos e então construir um mapa maior com os itinerários de cada um e os lugares sagrados descobertos. Essa elaboração final pode ser apresentada na forma de maquete.

## LUGARES SAGRADOS

Muitas pessoas de diferentes religiões constroem lugares sagrados, aqueles onde realizam suas práticas religiosas. São considerados locais especiais, de profunda e intensa espiritualidade. A arquitetura religiosa pode ser classificada em templos, casas, edifícios das comunidades religiosas e estruturas e edifícios funerários, entre outras formas.

Os templos vão aparecer em diversas tradições religiosas do mundo, como o budismo, o islamismo e o hinduísmo, entre outras. Como um dos exemplos de templo cristão, temos a basílica de Nossa Senhora de Aparecida, importante lugar de encontro para católicos apostólicos romanos.

Como exemplo de outro tipo de construção religiosa, temos a casa conhecida como ilê, a casa de candomblé, também chamada de roça ou terreiro. É o lugar sagrado que está sob os cuidados de um babalorixá (homem) ou de uma ialorixá (mulher) e sob a proteção principal de um orixá. Os orixás são os elementos de ligação entre os candomblecistas e Oxalá.

> Vimos lugares sagrados construídos pelas pessoas, mas existem também outros encontrados na própria natureza. São rios, montanhas, árvores...
>
> Sugira uma pesquisa na qual cada aluno deverá encontrar um lugar sagrado da natureza e identificar a origem religiosa desse local.

# O que são textos sagrados?

**CULTURAS & TRADIÇÕES**

**Esta atividade auxilia o aluno a:**

• identificar os textos sagrados de algumas religiões do mundo;
• compreender a função dos textos sagrados.

**Conteúdo:**

• textos sagrados.

**Você vai precisar de:**

• cartolina, caneta e tesoura.

**Procedimento:**

• esclarecer aos alunos que os povos fazem religião cada um à sua maneira. O jeito próprio de fazerem religião acaba sendo registrado, guardado e transmitido às pessoas que virão no futuro por meio de livros, histórias contadas, músicas, danças, poesias, pinturas, desenhos, esculturas... Este procedimento didático vai ater-se a alguns livros sagrados da tradição escrita.

- montar com a classe um jogo de associação, no qual os cartões preparados se prestam à combinação entre religião e livro sagrado. Para tanto, preparar 14 cartões, cada qual com uma das seguintes palavras: Bíblia – Cristianismo – Torá – Judaísmo – Vedas – Hinduísmo – Alcorão – Islamismo – Avesta – Zoroastrismo – Tao Te King – Taoísmo – Pali Tripitaka – Budismo.
- os alunos, depois de elaborarem os cartões, embaralham-nos e procuram encontrar o livro e a religião a que ele se relaciona. Podem brincar em dupla ou individualmente.

---

**Alguns ensinamentos contidos nos textos sagrados**

*Hinduísmo:* "Não faça aos outros aquilo que, se a você fosse feito, causar-lhe-ia dor."

*Budismo:* "De cinco maneiras um verdadeiro líder deve tratar seus amigos e dependentes: com generosidade, cortesia, benevolência, dando o que deles espera receber e sendo fiel à sua própria palavra."

*Judaísmo:* "Não faça a seu semelhante aquilo que para você é doloroso."

*Taoísmo:* "Considera o lucro de seu vizinho como seu próprio e o prejuízo dele como se também fosse seu."

*Cristianismo:* "Tudo quanto quer que os outros façam para você, faça-o também para eles."

*Islamismo:* "Ninguém pode ser um fiel até que ame seu irmão como a si mesmo."

---

# As religiões e a essência de seus ensinamentos

**CULTURAS & TRADIÇÕES**

### Esta atividade auxilia o aluno a:

• conhecer um pouco melhor algumas religiões do mundo.

### Conteúdo:

• tradições religiosas do mundo.

### Você vai precisar de:

• texto com informações sobre as religiões, papel em branco e caneta.

### Procedimento:

• entregar aos alunos folha com o texto "Algumas religiões do mundo".
• no espaço que sobra da folha, pedir que os alunos escrevam o nome de sua religião e tudo aquilo que aprenderam com ela.
• em seguida, montar equipes para compartilhar esse ensinamento.
• os alunos podem continuar completando suas folhas com informações sobre religiões, escrevendo os nomes e ensinamentos das religiões de seus colegas de equipe.

### ALGUMAS RELIGIÕES DO MUNDO

O hinduísmo surgiu há aproximadamente 4 mil anos antes de Cristo, na Índia. Essa religião preocupa-se muito com o aprimoramento espiritual das pessoas e sugere muitas práticas para esse aprimoramento. Para ela, não há evolução espiritual sem autoconhecimento.

O budismo surgiu também na Índia com a experiência espiritual de Sidarta Gautama, o Buda (aproximadamente 500 a.C.), e tem como preocupação principal a compaixão por todos os seres, sentir profundamente quando alguém sofre algum tipo de mal e fazer o possível para ajudar. O budista busca a iluminação, o despertar da ignorância para uma vida de sabedoria.

O judaísmo surgiu no Oriente Médio por volta de 1.800 a.C. Abraão é considerado pelos judeus como o primeiro dos patriarcas, a quem o Deus único se revelou. Moisés é o grande profeta e legislador a quem Deus entregou a Torá. O judaísmo tem como ponto-chave a justiça, que significa viver de forma honesta, não prejudicando ninguém.

O confucionismo é também uma das importantes religiões da China. Confúcio viveu antes de Cristo e foi um famoso mestre e filósofo, organizando ensinamentos baseados na ética social. Sua preocupação era que as pessoas seguissem regras de comportamento para uma convivência harmoniosa e feliz.

O xintoísmo é a antiga religião nacional do Japão, muito antiga mesmo. Os xintoístas acreditam que tudo possui um espírito e que seus antepassados continuam presentes em suas vidas. Preocupam-se em cultuá-los e ensinam aos mais jovens o respeito e a devoção aos ancestrais.

O cristianismo surgiu no Oriente Médio há 2 mil anos com a experiência de vida de Jesus. Para os cristãos, Jesus é o Filho de Deus enviado ao mundo para salvar a humanidade, deixando importantes ensinamentos em sua passagem pela terra. Os cristãos preocupam-se em amar as pessoas e a Deus, por entenderem que sem amor não existe experiência religiosa verdadeira.

O islamismo foi organizado por Maomé (630 d.C.) no Oriente Médio. O ponto principal dessa religião é a submissão a um Deus único. Alá recebe toda a devoção, honra e glória, e os islamitas desejam que a vontade dele se torne realidade em suas vidas pessoais.

A Fé Bahá'í é uma religião de caráter universal fundada por Baha'u'llah (1817-1892) e surgida na Pérsia, atual Irã. Prega a unicidade de Deus e sustenta que as grandes religiões da humanidade conduzem ao mesmo Deus, que, conforme a cultura, recebe nomes diferentes.

# Conhecendo símbolos religiosos

**Esta atividade auxilia o aluno a:**

• identificar o significado de alguns símbolos religiosos;
• identificar símbolos religiosos, relacionando-os à religião a que pertencem.

**Conteúdo:**

• simbologia.

**Você vai precisar de:**

• cartazes, massinha para modelar.

**Procedimento:**

• levar à sala de aula cartazes com o desenho de alguns símbolos religiosos e apresentá-los aos alunos, que poderão modelar, em massinha ou argila, esses mesmos símbolos.
• após a modelagem, os símbolos são expostos e cada aluno vai até onde eles estão para relacioná-los às respectivas religiões.
• depois de conversar sobre cada um dos símbolos expostos (tendo em conta o texto abaixo), sugerir que os alunos pesquisem símbolos das religiões afro-descendentes e indígenas, elaborem um cartaz a respeito deles e apresentem-no ao grupo na próxima aula.

Vejamos agora um dos símbolos da antiga religião chinesa denominada taoísmo. Ele representa o equilíbrio perfeito entre duas forças opostas e nasceu da observação das polaridades da natureza: calor e frio, dia e noite, feminino e masculino etc. O yin, parte mais escura, representa a terra, o feminino. O yang, parte mais clara, representa o céu, o masculino. As forças opostas do yin e do yang são interdependentes e cada uma contém em si a semente ou o potencial da outra. Uma não é melhor do que a outra e, juntas, formam a totalidade.

Esta árvore, conhecida como baobá, é um símbolo muito importante para as religiões de matriz africana, denotando a força e a beleza da vida desses povos e de seus ancestrais. O baobá é uma árvore sagrada originária da África. Ao trazê-la para o Brasil, pessoas dos cultos afro-descendentes trazem para perto de si a força de suas raízes e toda a sua ancestralidade perpetua-se e faz-se presente.

*CULTURAS & TRADIÇÕES*

O cristianismo tem a cruz como um de seus principais símbolos. A cruz vazia simboliza a ressurreição e a ascensão de Jesus. A cruz com o Cristo crucificado pode indicar que Jesus morreu crucificado para salvar o ser humano, dando sua vida por amor à humanidade. A cruz também pode representar o equilíbrio entre duas instâncias: a horizontal, que representa o ter, e a vertical, que representa o ser.

A estrela de davi está estampada no centro da bandeira de Israel. Ela tem seis pontas e é formada por dois triângulos, um apontando para cima e outro para baixo. Segundo Bruce-Mitford (2001), os dois triângulos também simbolizam o equilíbrio do universo. É o principal símbolo do judaísmo e do Estado de Israel. Os triângulos representam o entrelaçamento do sol, fogo e energia masculina com a lua, água e energia feminina.

A lua crescente tornou-se um símbolo adotado pelo islamismo. Estampada em várias bandeiras nacionais do mundo islâmico, faz referência ao calendário lunar, ordenador da vida religiosa dos islamitas, e pode representar uma pessoa em busca da plenificação, caminhando na direção de Alá. Segundo Bruce-Mitford (2001), esse símbolo estava originalmente associado à deusa Diana. A imagem da lua crescente foi adotada como símbolo pelo islã no século XIV. A estrela, que denota soberania e divindade, foi acrescentada mais tarde.

O *om* é conhecido como a semente de todos os mantras. *Mantras* são sons expressos na forma de frases ou palavras e repetidos com finalidades espirituais diversas. O *om* é importante símbolo para o hinduísmo e também para o budismo. É o som primordial, o som criador mediante o qual Deus se manifesta. É a reunião de todos os sons.

---

Os símbolos sempre apresentam muitas possibilidades de interpretação. Portanto, vários significados, até mesmo antagônicos, são permitidos para um mesmo símbolo. Por exemplo, a cor vermelha pode expressar a vida, a paixão, mas também a guerra e o ódio. Para interpretar símbolos religiosos, é preciso buscar os significados originados diretamente pela cultura religiosa em questão. Assim, evita-se que um símbolo seja interpretado de maneira inadequada. Foi, por exemplo, o que aconteceu quando cristãos interpretaram Exu como diabo. Este é um ente simbólico cristão que não fazia parte do vocabulário religioso dos povos africanos.

# Uma reforma histórica

**Esta atividade auxilia o aluno a:**

• valorizar o direito do outro à expressão religiosa, entendendo suas práticas religiosas diferenciadas.

**Conteúdo:**

• protestantismo.

**Você vai precisar de:**

• mapa-múndi e improvisação de roupas de época.

**Procedimento:**

• esclarecer que todo grupo humano conserva, em sua história, eventos de grande significado intimamente associados com sua identidade, e, para compreendê-los, é preciso entender o contexto histórico em que se realizaram. A Reforma Protestante foi importante para o cristianismo porque chamou a atenção para verdades (doutrinas) e práticas bíblicas que haviam sido esquecidas ou distorcidas pela Igreja medieval. Desde então, o dia 31 de outubro de 1517 tem permanecido na consciência evangélica como um símbolo fundamental de seu movimento.

• estimular os alunos a pesquisar e marcar no mapa-múndi onde a Reforma Protestante se iniciou e por onde esse movimento se espalhou (Suíça, Países Baixos, Dinamarca, Suécia, Noruega, Inglaterra, estendendo-se à Polônia, Boêmia, Áustria e fazendo-se sentir na Espanha, em Portugal e na França, além de em países do leste da Europa, como a Hungria), bem como seus principais representantes (Ulrich Zwingli, Henrique VIII, João Calvino e Martinho Lutero).

• a pesquisa dirige-se também às várias transformações ocorridas nessa época, como a formação das cidades, a economia comercial que tomou o lugar da feudal, o advento do Renascimento e as conquistas intelectuais. Isso teve consequências sociais, como a melhoria do padrão de vida das pessoas e a constituição de uma classe média forte – a burguesia. Todos esses fatores fizeram que o protestantismo encontrasse apoio para seu desenvolvimento.

CULTURAS & TRADIÇÕES

- a apresentação da pesquisa pode ser feita por meio de uma dramatização, em que os alunos se caracterizem com roupas de época.

O monge agostiniano e professor de teologia Martinho Lutero fixou suas célebres noventa e cinco teses na porta da igreja de Wittenberg, na Alemanha, convidando a comunidade acadêmica local para um debate público sobre a venda das indulgências e outras questões controvertidas. Esse movimento dividiu a Igreja cristã do Ocidente em duas partes: o protestantismo e o romanismo. Os seguidores dessa nova proposta apresentada por Lutero espalharam o protestantismo pela Europa. Juntou-se a eles João Calvino, que fez novas propostas além das de Lutero. Esses seguidores foram chamados de reformadores da Igreja. Entende-se por "protestante" ou "protestantismo" todo o conjunto de instituições religiosas surgidas em consequência da Reforma religiosa do século XVI. O princípio protestante da liberdade é a justificação pela fé, a *sola scriptura*, o livre exame da Bíblia e o sacerdócio universal de todos os crentes.

# Um desafio: anunciar uma proposta respeitando os outros...

**CULTURAS & TRADIÇÕES**

**Esta atividade auxilia o aluno a:**
- valorizar o direito do outro à expressão religiosa, entendendo suas práticas religiosas diferenciadas.

**Conteúdo:**
- evangélicos pentecostais.

**Você vai precisar de:**
- folhas de papel e lápis.

**Procedimento:**
- informar que, em cumprimento ao mandamento de Jesus: "Ide por todo o mundo e pregai o evangelho a todos os homens" (Marcos 16.15), missionários protestantes chegaram ao Brasil ao longo do século XIX. Missionários luteranos, anglicanos, presbiterianos, metodistas, batistas, menonitas e adventistas aventuraram-se na difusão da Bíblia, apesar das restrições legais da época. A separação entre Igreja e Estado, com a proclamação da República, abriu espaço para a entrada de novas missões. As pessoas que se convertiam compravam Bíblias e, como não sabiam ler nem escrever, empenhavam-se em ser alfabetizadas para dedicarem-se à leitura das Sagradas Escrituras. Essa característica no seio do protestantismo era tão forte, que os crentes passaram a ser chamados de "os Bíblias".
- propor a realização de uma pesquisa sobre curiosidades da Bíblia e a origem do Dia da Bíblia. Exemplos de dados a ser levantados: primeiro livro impresso por Gutenberg, inventor da imprensa (esta, denominada dessa forma por causa da prensa móvel, constitui um processo gráfico criado por Johannes Gutenberg no século XV e, a partir do século XVIII, usado para imprimir jornais); o livro mais lido, traduzido e distribuído do mundo (hoje é possível encontrar a Bíblia, completa ou em porções, em mais de 2.400 línguas diferentes).
- verificar se algum aluno possui uma Bíblia ou conhece trechos bíblicos.

- orientar uma pesquisa sobre a forma de o homem transmitir uma ideia ou pensamento, começando nos registros na caverna (forma pictórica), passando pela origem da escrita e chegando até os meios de comunicação atuais.

Pouco a pouco, as diversas denominações evangélicas institucionalizaram a tradição do Dia da Bíblia, que ganhou ainda mais força com a fundação da Sociedade Bíblica do Brasil, em junho de 1948. Em dezembro desse mesmo ano, houve uma das primeiras manifestações públicas do Dia da Bíblia, em São Paulo, no Monumento do Ipiranga. As comemorações do Dia da Bíblia – para os evangélicos, no segundo domingo de dezembro – mobilizam milhões de cristãos em todo o País (fonte: www.sbb.org.br).

Providencie material necessário para que cada aluno monte um álbum sobre as tradições religiosas. Essa atividade pode ser parte do processo avaliativo final do aluno.

# Bibliografia

ARANTES, A. A. *O que é cultura popular*. 14. ed. São Paulo: Brasiliense, 1990.

BASSINI, M. Ensino Religioso: educação pró-ativa para a tolerância. *Revista de Estudos da Religião*, São Paulo, n. 2, p. 49-64, 2004.

BIEDERMANN, H. *Dicionário ilustrado de símbolos*. São Paulo: Melhoramentos, 1993.

BIRK, B. *O sagrado em Rudolf Otto*. Porto Alegre: Edipucrs, 1993.

BOEING, Antonio. *O fenômeno religioso como experiência universal*. Disponível em: <http://www.aster-to.org.br/download/auniversalidadedofenomenoreligioso.pdf>. Acesso em: 11 dez. 2007.

BOFF, L. *O casamento entre o céu e a terra:* contos dos povos indígenas do Brasil. Rio de Janeiro: Salamandra, 2001.

_____. Teologia e semiótica. *Revista de Cultura Vozes*, Petrópolis, v. 70, n. 5, p. 325-334, 1976.

BOWKER, J. *Para entender as religiões*. São Paulo: Ática, 1997.

_____. *O livro de ouro das religiões:* a fé no Ocidente e Oriente, da pré-história aos nossos dias. Rio de Janeiro: Ediouro, 2004.

BRASIL. Ministério da Saúde. Secretaria de Atenção à Saúde. Departamento de Ações Programáticas Estratégicas. *Direitos sexuais, direitos reprodutivos e métodos anticoncepcionais*. Brasília: Ministério da Saúde, 2006. (Série F. Comunicação e Educação em Saúde; caderno n. 2.)

BRUSTOLIN, L. *Religião e cultura*. Disponível em: <http://64.233.169.104/ earch? q=cache:c1Yb1ALqVPEJ:www.catedraldecaxias.org.br/textos_pe_leomar/Religiao%25 20e%2520Cultura.doc+AS+REPRESENTA%C3%87%C3%95ES+DO+TRANS CENDENTE+DE+CADA+TRADI%C3%87%C3%83O+RELIGIOSA&hl=ptBR &ct=clnk&cd=8&gl=br>. Acesso em: 9 dez. 2007.

BRUCE-MITFORD, M. *O livro ilustrado dos símbolos*. São Paulo: Publifolha, 2001.

CAMARGO, L. *Ilustração e poesia*. Disponível em: <http://www.italnet.com. br>.

Acesso em: 17 abr. 2004.

CAMPBELL, J. *O poder do mito*. São Paulo: Palas Atena, 1990.

CHEVALIER, J.; GHEERBRANT, A. *Dicionário de símbolos*. Rio de Janeiro: José Olympio, 2005.

CLAVAL, P. *A geografia cultural*. 2. ed. Florianópolis: UFSC, 2001.

ELIADE, M. *Imagens e símbolos:* ensaio sobre o simbolismo mágico-religioso. São Paulo: Martins Fontes, 1991.

FERNANDES, Rubem César. *Evangélicos e pentecostais*. Disponível em: http://www.tecsi.fea.usp.br/eventos/Contecsi2004/BrasilEmFoco/port/artecult/religiao/evangel/apresent.htm>. Acesso em: 5 ago. 2008.

FÓRUM NACIONAL PERMANENTE DO ENSINO RELIGIOSO. *Parâmetros curriculares nacionais do Ensino Religioso*. 2. ed. São Paulo: Ave Maria, 1997.

GENTILE, P. Assim se forma a identidade. *Revista Nova Escola*, São Paulo, n. 164, ago. 2003. Disponível em: <http://novaescola.abril.com.br/index.htm?ed/ 164_ago03/html/identidade>. Acesso em: 18 nov. 2007.

HAMA, Lia. Todas as crenças do mundo. *Revista das Religiões*, São Paulo, n. 12, ago. 2004. Disponível em: http://religioes.abril.com.br/edicoes/12/historia/conteudo_religioes_47787.shtml. Acesso em: 5 ago. 2008.

HOUAISS, A. *Dicionário da língua portuguesa*. Rio de Janeiro: Objetiva, 2001.

HUANG, Al Chuang-liang. *Expansão e recolhimento:* a essência do tai chi. São Paulo: Summus, 1979.

INSTITUTO DE DEFESA DOS DIREITOS HUMANOS. *Escola da Paz*. Curitiba, 2001.

JECUPÉ, K. *A terra dos mil povos:* história indígena do Brasil contada por um índio. São Paulo: Peirópolis, 1998.

JOLY, M. *Introdução à análise da imagem*. Campinas: Papirus, 1996.

JUNG, C. G. *Psicologia e religião*. Petrópolis: Vozes, 1987.

JUNQUEIRA, S. As tramas na construção da concepção de Ensino Religioso brasileiro. *Revista Diálogo Educacional*, Curitiba: Champagnat, v. 4, p. 43-54, 2004.

_____. *O processo de escolarização do Ensino Religioso no Brasil.* Petrópolis: Vozes, 2002.

_____; CORREA, R.; HOLANDA, A. *Ensino Religioso: aspectos legal e curricular.* São Paulo: Paulinas, 2007.

_____; MENEGHETTI, R.; WASCHOWICZ, L. *Ensino Religioso e sua relação pedagógica.* Petrópolis: Vozes, 2002.

_____; WAGNER, R. (Org.). *Ensino Religioso no Brasil.* Curitiba: Champagnat, 2004.

KAPLEAU, P. *A roda da vida e da morte.* São Paulo: Círculo do Livro, 1989.

KEEN, S.; VALLEY-FOX, A. *A jornada mítica de cada um.* São Paulo: Cultrix, 1995.

LAO-TZU. *Tao Te King:* o livro do sentido e da vida. São Paulo: Pensamento, 1987.

LEXIKON, H. *Dicionário de símbolos.* São Paulo: Cultrix, 1990.

LYSEBETH, A. *Tantra:* o culto à feminilidade. Outra visão da vida e do sexo. São Paulo: Summus, 1994.

MAKIYAMA, M. *O Ensino Religioso.* Disponível em: <http://www.hottopos. com/videtur4/o_ensino_religioso.htm>. Acesso em: 7 nov. 2007.

MARANGON, Cristiane. Um terrário para observar o ciclo da água. *Revista Nova Escola*, São Paulo, n. 165, set. 2003. Disponível em: <http://novaescola. abril.com.br/ index.htm?ed/165_set03/html/faca>.

MARTINEZ, João Flávio. *A Reforma Protestante.* Disponível em: <http:// www.cacp.org.br/ estudos/artigo.aspx?lng=PT-BR&article=870&menu=7&submenu=3>. Acesso em: 27 fev. 2008.

MILES, R. *A história do mundo pela mulher.* Rio de Janeiro: LTC, 1989.

NUNES, S. *Mito, filosofia e suas diferenças.* CienteFico, Salvador, ano IV, v. 1, jan.-jun. 2004. Disponível em: <http://www.frb.br/ciente/Impressa/Psi/Epistemologia/P.19. SuenniaHERMES.pdf>. Acesso em: 9 dez. 2007.

OLIVEIRA, L. *Identidade cultural*. Disponível em: <http://www.esmpu.gov.br/ dicionario/tiki-index.php?page=Identidade+cultural>. Acesso em: 18 nov. 2007.

_____ et al. *Ensino Religioso no ensino fundamental*. São Paulo: Cortez, 2007.

ONU. *Declaração Universal dos Direitos Humanos*. Disponível em: <http:// www.onubrasil.org.br/documentos_direitoshumanos.php>. Acesso em: 7 nov. 2007.

PARANÁ. *Diretrizes curriculares de Ensino Religioso para a educação básica*. Curitiba: SEED, 2006. Disponível em: <http://www.diaadiaeducacao.pr.gov.br>. Acesso em 9 dez. 2007.

PEDROSA, I. *Da cor à cor inexistente*. Rio de Janeiro: Léo Christiano Editorial, 1999.

PENNICK, N. *Geometria sagrada:* simbolismo e intenção nas estruturas religiosas. São Paulo: Pensamento, 1980.

PESSOA, F. *O eu profundo e os outros eus*. Petrópolis: Vozes, 1974.

PIAGET, J. *A formação do símbolo na criança:* imitação, jogo e sonho. Imagem e representação. Rio de Janeiro: Zahar, 1978.

POPPER, K. *A lógica da pesquisa científica*. São Paulo: Cultrix, 1999.

PORTO, J.; TAMAYO, A. Escala de valores relativos ao trabalho – EVT. *Psicologia:* Teoria e Pesquisa, Brasília, v. 19, n. 2, maio-ago. 2003.

RAMM-BONWITT, I. *Mudrás:* as mãos como símbolo do cosmos. São Paulo: Pensamento, 1997.

REZENDE, José. *Diversidade religiosa e direitos humanos*. Brasília: Secretaria Especial dos Direitos Humanos, 2004.

RIBEIRO, R. *A democracia direta*. Disponível em: <http://www.renatojanine. pro.br/FiloPol/democracia.html>. Acesso em: 9 dez. 2007.

RIO DE JANEIRO. Secretaria Municipal de Educação. Empresa Municipal de Multimeios (MultiRio). *Natal e ano novo nas religiões*. Disponível em: http://www.multirio.rj.gov.br/portal/area.asp?box=N%F3s+da+Escola&area=Na+Sala+de+Aula&objeto=na_sala_de_aula&id=2838. Acesso em: 14 dez. 2007.

ROCHA, F. *Atuação do Ministério Público na proteção do patrimônio cultural imaterial.* Disponível em: <http://jus2.uol.com.br/doutrina/texto.asp?id=10104>. Acesso em: 5 ago. 2008.

SANDNER, D. *Os navajos e o processo simbólico de cura:* uma investigação psicológica dos seus rituais, magia e medicina. São Paulo: Summus, 1997.

SANTOMÉ, J. *Globalização e interdisciplinaridade:* o currículo integrado. Porto Alegre: Artes Médicas Sul, 1998.

SANTOS, Aldair Ribeiro dos. *490 anos da Reforma Protestante.* Disponível em: http://www.roraimaemfoco.com/site/content/view/4709/50/

SANTOS, W. *Dicionário de sociologia.* 2. ed. Belo Horizonte: Del Rey, 1994.

SCHLOGL, Emerli. *Expansão Criativa.* Por uma pedagogia da autodescoberta. Petrópolis: Vozes, 2000.

SERBENA, Íris Matilde Boff. *Compilação de textos avulsos, relatórios e históricos produzidos pela Assintec.* Curitiba, 2004.

STEWART, R. J. *Música e psique:* as formas musicais e os estados alterados de consciência. São Paulo: Cultrix, 1995.

VALE, I. *O ser religioso.* Disponível em: <http://www.cleofas.com.br/virtual/artigos/art0002_o_ser_religioso.pdf>. Acesso em: 11 dez. 2007.

VERA, A. *Metodologia da pesquisa científica.* Porto Alegre: Globo, 1978.

WEISZFLOG, W. *Moderno dicionário de língua portuguesa.* 4. ed. São Paulo: Melhoramentos, 1998.

XAVIER, F. *A divisão das estações:* um olhar sobre o mito. Disponível em: <http://www.redepsi.com.br/portal/modules/soapbox/article.php?articleID=238>. Acesso em: 9 dez. 2007.

**Edile Maria Fracaro Rodrigues**, nascida em Curitiba (PR), graduada em Formação de Professores – Educação Infantil e Séries Iniciais do Ensino Fundamental pela PUC/PR, está concluindo o mestrado em Educação, com pesquisa sobre a concepção de Ensino Religioso em professores da rede estadual de educação do Paraná. Atua como coordenadora pedagógica e escritora do Trabalho em Conjunto do Ministério Igreja em Células. É membro do Grupo de Pesquisa Educação e Religião (GPER).

**Sérgio Rogério Azevedo Junqueira**, nascido no Rio de Janeiro, é formado em Pedagogia na Universidade de Uberaba (MG) e professor de Ensino Religioso em nível fundamental na rede particular de ensino. Mestre e doutor em Educação na área de Ensino Religioso pela Pontifícia Universidade Salesiana em Roma (Itália), é membro do Fórum Nacional Permanente do Ensino Religioso (Fonaper), do qual foi coordenador e secretário e atualmente é secretário-executivo. Atua na formação de professores do Ensino Religioso, além de ser o coordenador do GPER (www.gper.com.br). É coautor, pela Cortez Editora, do livro *Ensino Religioso no ensino fundamental* (2007).

**Emerli Schlögl**, nascida em Curitiba (PR), é licenciada em Música pela Faculdade de Artes do Paraná e psicóloga formada na Universidade Tuiuti, além de especialista em Pedagogia para o Ensino Religioso, Psicologia Corporal e Performance do Canto. Professora de Ensino Religioso na rede municipal de educação curitibana, é assessora da Associação Inter-Religiosa (Assintec), que orienta e forma professores de Ensino Religioso no Paraná. Mestra em Educação pela PUC/PR, pesquisando o universo simbólico na formação dos professores, participa da pesquisa sobre gênero e orientação sexual e sua relação com o Ensino Religioso. É membro do GPER.

Comprometida com a educação

**www.cortezeditora.com.br**